Ruediger Schache

Die
Selbst
Liebe
Illusion

Ruediger Schache

Die Selbst Liebe Illusion

**7 große Selbstliebe-Irrtümer –
und wie Du wirklich bei Dir
ankommst**

nymphenburger

INHALT

»Wen genau soll ich lieben?«
Seite 6

Der erste Selbstliebe-Irrtum
»Ich muss mich selbst mehr lieben.«
Seite 14

Der zweite Selbstliebe-Irrtum
»Ich darf mich nicht selbst lieben.«
Seite 32

Der dritte Selbstliebe-Irrtum
»Ich habe doch keine Wahl.«
Seite 56

Der vierte Selbstliebe-Irrtum
»Ich bin nicht gut genug.«
Seite 80

Der fünfte Selbstliebe-Irrtum
»Ich muss meinen Körper lieben lernen.«
Seite 98

Der sechste Selbstliebe-Irrtum
»Ich schaffe das nicht.«
Seite 116

Der siebte Selbstliebe-Irrtum
»Ich darf nicht zu sehr ich werden.«
Seite 134

Anhang
10 SelfLove Secrets
Seite 148

»WEN GENAU SOLL ICH LIEBEN?«

*Selbstliebe bedeutet,
alles zu lieben, was Du selbst bist.
Doch was bist Du?*

Sobald Du Dich mit Selbstliebe beschäftigst, wirst Du auf die Frage stoßen, wer denn dieses Selbst ist, das Du lieben sollst. Oft hörst Du dann, dass es um Deinen Körper, Dein Aussehen, Deine Fähigkeiten, Eigenarten und so weiter ginge und dass Du lernen müsstest, diese Bausteine gut zu finden, sie zu feiern oder noch besser: sie liebevoll zu umarmen.

Falls Dir das gelingt, ist es gut. Falls es Dir jedoch schwerfällt, hast Du mit obigen Anforderungen noch ein Zusatzproblem erschaffen und merkst: *Mir gelingt es nicht einmal, mich mittels dieser oder jener Übung mehr zu lieben.*

So ein scheinbar unlösbares Problem kann Dir das Leben noch schwerer machen. Solange, bis Du erkennst, dass es eine Illusion ist, sich selbst lieben zu *müssen*.

Am Ende dieses Buchs wirst Du diese Illusion durchdrungen und das Selbstliebeproblem für Dich gelöst haben. Lass uns zur Vorbereitung das ganze »Dilemma« und seine Entstehung genauer ansehen.

Das »Selbstliebe-Dilemma«

Beim näheren Hinsehen wirst Du feststellen, dass die meisten Menschen, die sich »mehr Selbstliebe« wünschen, in Wahrheit »weniger Selbstablehnung« erleben wollen. Sie möchten erreichen, dass sie sich mit ihren eigenen Gedanken, Verhaltensweisen und Einstellungen »weniger selbst schaden«. Sie möchten, dass Selbstvorwürfe, Schuldgefühle und andere negative Gefühle endlich aufhören. Sie sehnen sich danach, aus leidenden, minderwertigen Rollen und Beziehungen herauszukommen.

Wenn man sich aber – mangels Selbstliebe – nicht gestattet, gute Dinge für sich zu tun, kommt man aus der schlechten Selbstsicht nie heraus. Die geringe Selbstliebe hindert einen daran, mehr Selbstliebe zu erzeugen. Man ist in einem »Selbstliebe-Dilemma« gefangen.

Ist etwas davon auch bei Dir so? Wo es zutrifft, kannst Du im Folgenden zustimmende Häkchen setzen.

Ich würde gerne:

☐ schlechte Gedanken über mich selbst und das eigene Leben loswerden

☐ negative Gefühle loswerden

☐ mir selbst weniger Schaden zufügen

☐ würdelose Rollen loswerden

☐ _____

Was Dich aus dem »Selbstliebe-Dilemma« befreit

Eine erste Erkenntnis könnte also lauten:

Keine Selbstablehnung = Kein Selbstliebeproblem.

Dass es in Wahrheit darum geht, mit allen Formen offener und versteckter *Selbstablehnung aufzuhören,* ist essenziell, denn das enthält Deinen Ausweg aus dem ganzen Selbstliebeproblem:

Du musst nicht Selbstliebe vermehren!

Du brauchst nur damit *aufzuhören, Selbstablehnung zu praktizieren.* An jeder Stelle, an der eine alte Ablehnung verschwindet, entsteht in Dir automatisch »Problemfreiheit«. Und Problemfreiheit mit sich selbst nennt man auch: Selbstannahme.

Wie entsteht Selbstablehnung?

Kein Baby kommt auf die Welt und denkt: *Ich bin fehlerhaft, ich mag mich nicht.* So zu denken muss ihm jemand beibringen. Die Menschen in der Umgebung des Kindes müssen sich lange und systematisch viel Mühe geben, um dem Kind diese Meinung über sich selbst in den Kopf zu pflanzen.

Wie machen sie das? Indem sie das Kind ihre negative Meinung unablässig hören, fühlen und erleben lassen. Jedes junge Gehirn glaubt und übernimmt alles, was es hört, erst einmal in die eigene Gedankenwelt. Und fertig ist das grundlegende negative Urteil über sich selbst.

Wie geht es dann weiter?

Zu denken, Du wärst nicht liebenswert oder schön oder klug genug, ist also früh antrainiert. Manchmal so früh, dass Du Dich nicht mehr im Detail erinnern kannst. Dennoch sind Dir ablehnende, abwertende und verurteilende Worte und Gefühle sehr wohl bekannt.

Im Laufe der Jahre wirst Du größer und klüger und kannst darüber nachdenken, was Du von Dir hältst. Du beobachtest Deine Gedanken und Gefühle, und vieles davon wirst Du als »nicht gut« erkennen:

Es ist nicht gut, wenn ich so über mich denke.

Als Erwachsener weißt Du das. Doch die negativen Gedanken und Gefühle von früher sind noch immer aktiv, weil sie über so viele Jahre geübt wurden.

Die »Ich bin nicht liebenswert«-Bestätigung

Vielleicht hast Du schon einmal etwas über »Resonanzgesetze« gehört oder sogar »Das Geheimnis des Herzmagneten« gelesen? Ganz einfach gesagt können Menschen die Gefühle und Gedanken anderer Menschen intuitiv wahrnehmen und reagieren oft ganz unbewusst und automatisch darauf.

Stelle Dir zum Beispiel vor, Du würdest denken: *Ich bin es nicht wert, geliebt zu werden. Ich bin nicht schön genug. Ich mag mich ja nicht einmal selbst.* Wie könnten Menschen, die das »empfangen«, darauf reagieren?

Sie werden nach dem Warum suchen, wenn sie plötzlich die Worte *nicht schön genug* denken, sobald sie Dich sehen. Und nun passieren zwei Dinge:

1) Gute Menschen mit einem großen und reinen Herz werden zu dem Schluss kommen: *So ein Unsinn, Du bist ein schöner und guter Mensch.*

2) Kritisierende Menschen mit einem weniger großen Herz werden denken: *Stimmt, jetzt, wo ich genau hinsehe, verstehe ich, warum ich das denke. Hier und dort sind Makel.*
Dein Herzmagnet strahlt also eine Botschaft aus, und andere reagieren darauf. Wenn es um die Anziehung von Partnern geht, wird es noch interessanter. Denn dann ziehst Du eine dritte Art von Menschen an:

3) Dominante Beziehungspartner, die jemanden suchen, der genau diesen geringen Selbstwert hat, wie Du es ausstrahlst, damit sie Dich in einer Beziehung gut unter Kontrolle haben. Diese Partner werden dann *nicht* versuchen, Deinen Selbstwert aufzubauen, sondern ihn Stück für Stück noch weiter *abbauen*. Weil sie Dich nur so sicher unter Kontrolle glauben.

Sie machen Dich runter, und auf den ersten Blick bestätigt Dir das wieder einmal die alte Geschichte: *Ich bin eben nicht gut genug, nicht wertvoll genug, nicht schön genug ...*

Das alles ist nicht wahr. Es ist nur ein Echo auf irrtümliche Selbstablehnungsgedanken und -gefühle. Und solche Irrtümer kannst Du beenden.

Gut zu merken:

#1

Man sagte mir, ich sei nicht liebenswert!

Das glaube ich!

#2

Ich fühle mich nicht wertvoll.

Das strahle ich aus!

#3

Menschen reagieren auf meine Ausstrahlung.

Das bestätigt meinen Glauben.

#4

Und alles wegen einer Lüge.

Das beende ich!

Eine Selbstablehnung ist der Druck eines falschen Gedankens auf Dich selbst. Beende einen solchen Irrtum, und die Gedanken und Gefühle von Selbstablehnung werden aus Deinem Magneten verschwinden. Als Folge wird sich die Welt um Dich herum positiv verändern. Du kannst sie immer mehr lieben und Dich selbst als aktiven Teil darin ebenfalls.

*Wie die Selbstliebe
von alleine entsteht:*

*Unterlasse und beende alles,
was Deinen Körper,
Deine Seele und Dich
als Menschen verletzt.*

*Und nun:
Viel Freude auf Deinem Weg
zu Dir selbst.*

DER ERSTE
SELBSTLIEBE-IRRTUM

»ICH MUSS MICH
SELBST
MEHR LIEBEN.«

Du bist, an was Du glaubst.
Wenn Du an einen Mangel in Dir selbst glaubst,
wirst Du dieser Mangel sein.
Die Idee, Du müsstest Dich selbst mehr lieben,
lässt Dich an einen Selbstliebemangel glauben.
Gib sie auf.

Während sie auf das tellergroße Thermometer über der Tür des Cafés blickte, dachte Jona: »Es ist so heiß, wie ich alt bin.« Die Nadel stand auf fünfunddreißig Grad im Schatten. Sie kramte in der Tasche ihrer Jeans nach dem Stein, den sie gerade im Staub neben der Straße gefunden hatte.

»Der ist schön, wo haben Sie ihn her?«, fragte der Inhaber des Cafés, während er das Thunfischsandwich neben den Eistee auf den Tisch schob.

Vor ihr stand ein aufrechter, kräftiger Mann in kariertem Arbeitshemd, mittelkurze hellgraue Haare, die einmal blond gewesen sein mussten. Aus dem sonnengegerbten Gesicht blitzten ihr blaue Augen entgegen. Jona schätzte ihn auf Ende vierzig, aber er konnte ebenso Mitte sechzig sein.

»Dort drüben«, sagte sie und zeigte auf die andere Straßenseite. »Muss ich den irgendwo abliefern?«

»Darf ich mal sehen?«, fragte der Mann.

Jona gab ihm den etwa taubeneigroßen Stein. Er polierte ihn kurz an seinem Hemd und hielt ihn dann hoch.

»Sie müssen ihn ins Licht halten und ein wenig hin und her drehen«, sagte er. »Opale tragen das ganze Universum in sich, aber man sieht es nur, wenn die Sonne darauf scheint.«

»Wie schön«, sagte sie. »Muss ich ihn wieder hergeben?«

Er schüttelte den Kopf. »Sie sind hier in Coober Pedy, dem größten und gleichzeitig abgelegensten Opalsucherort der Welt. Sie laufen über Opalboden und finden einen Opal? Niemand kann sagen, wem er gehört, außer die Erde selbst. Freuen Sie sich darüber.«

»Danke«, sagte Jona.

»Was machen Sie hier in Australien?« erkundigte er sich. »Ich meine, abgesehen vom Opalsuchen.«

Jona entspannte sich.

»Ach, irgendwie liegt mein Leben in Scherben«, sagte sie. »Bis vor einem Jahr hatte ich noch einen Mann und lebte in einem schönen Haus. Jetzt habe ich wieder ein Zimmer bei meiner Mutter und reise, wie Sie sehen, in der Welt herum.«

»Viele reisen in der Welt herum«, sagte er, »aber tausend Kilometer durch Niemandsland fahren nur Leute, die etwas suchen. Was ist es bei Ihnen?«

»Ich habe mich zu viel benutzen lassen und zu wenig auf mich geachtet. Ich denke, ich muss dringend lernen, mich selbst mehr zu lieben«, sagte Jona. »Ja, ich glaube, ich suche nach Antworten über die Liebe im Leben.«

»Liebe ist nicht immer das erste Problem«, sagte er.

»Was dann?«

Statt zu antworten legte er den Stein auf den Tisch, nahm eine Serviette aus dem Spender und breitete sie über Jonas Opal.

»Das, was darüber liegt.«

Jona starrte auf die Serviette.

»Und was genau ist das?«

»Sie selbst. Wenn Sie nicht wissen, wer Sie sind, wissen Sie auch nicht, wen Sie lieben sollen.«

»Die Serviette ist also meine Unklarheit über mich selbst?«

Er nickte.

»Vor über dreißig Jahren war ich in einer ähnlichen Situation wie Sie«, sagte er. »Ich saß an diesem Tisch, wartete auf Gäste und grübelte über meine Zukunft nach. Irgendwann kam ein Mann, dessen Namen ich vergessen habe. Er war nicht von hier. Er bestellte ein Bier, und wir kamen ins Gespräch. Ich sagte, ich wüsste einfach nicht, ob ich mit dem Café weitermachen oder alles hinwerfen und irgendwo neu beginnen sollte. Er nahm zwei Zettel aus meinem Notizblock. Auf einen schrieb er *Hierbleiben*, auf den anderen schrieb er *Weggehen*. Er mischte die Zettel, legte über jeden eine Serviette und zur Beschwerung einen Stein.

›Entscheiden Sie sich für einen und sehen Sie nach‹, sagte er. ›Aber nur, wenn Sie es dann auch tun.‹

Nachdem er gegangen war, saß ich eine Stunde oder länger an dem Tisch und dachte nach. Schließlich nahm ich beide Zettel, ohne nachzusehen, und warf sie weg. Ich hatte es verstanden. Ich musste selbst entscheiden, wer ich sein wollte, wenn ich nicht wollte, dass ein fremder Mann und zwei Zettel das für mich übernehmen.«

»Das ist gut«, sagte Jona. »Danke.«

»Kein Problem. Wie Sie sehen, bin ich noch hier.«

»Haben Sie es je bereut?«

»Nein, nie«, sagte er. »Ich habe noch immer das Bild von damals vor mir. Nicht die wenigen Möglichkeiten, die ich gerade sehen kann, bestimmen mein Schicksal, sondern das, was ich über mich selbst denke.«

»Die herauszufinden ist jetzt wohl auch meine Aufgabe«, sagte Jona.

»Möchten Sie noch einen Eistee?«, erkundigte er sich. »Ich sehe, Ihrer ist fast leer.«

»Gerne«, sagte sie.

Nachdem er im Café verschwunden war, holte Jona ihr Tagebuch hervor und schrieb.

DIE ERSTE ERKENNTNIS VON JONA SAM

Ich muss mich nicht selbst lieben, ich muss mich nur selbst finden.

Wenn Du das Gefühl hast festzustecken, geht es als Erstes nicht um mehr Liebe, sondern darum, herauszufinden, in welcher Idee über Dich selbst Du gerade feststeckst. Deine »alte Identität« ist es, die Dich auf dem Weg nach vorne behindert.

Deine alte Identität

In diesem Kapitel klären wir drei Dinge:

1. Wer warst Du bisher?
2. Wie kam es dazu?
3. Was daran tut Dir nicht gut, und wie kommst Du da raus?

Manchmal sammelt man erst einmal eine Reihe an Lebenserfahrungen und gescheiterten Versuchen, bevor man auf eine neue Erkenntnis stößt.

Beim Thema »Selbstliebe« besteht eine große Erkenntnis darin, dass es gar nicht um die Vergrößerung von Selbstliebe mit diesen oder jenen Übungen geht, sondern darum, eine alte und falsche »Identität« loszuwerden.

Eine Identität ist »das, wovon Du denkst, dass Du es wärest.« Wenn Du zum Beispiel denkst, Du wärest eine Person, die zu wenig Selbstliebe hat, so ist das eine Identität. Es ist eine Rolle, die Du aufgrund Deiner Überzeugung einnimmst. Gib diese Rolle auf und Du hast den größten Teil des Problems gelöst.

Das klingt einfach, und es funktioniert wunderbar. Du wirst nie mehr ein Problem mit Selbstwert und Selbstliebe haben, wenn Du die Rolle einer Person loslässt, die sich selbst ablehnt. Auf Deinem Weg zu dieser Lösung darfst Du die einzelnen Bestandteile der leidvollen Rolle aufgeben. Genau das kannst Du in den folgenden sieben Kapiteln schrittweise tun.

1. Wer warst Du bisher?

Als Erstes könntest Du einmal klar formulieren, welche Rolle(n) Du bisher eingenommen hast, mit allen Facetten und Begleiterscheinungen. Anschließend kannst Du beginnen, diese Rollen mitsamt ihren Facetten wieder loszulassen. Wenn Du magst, notiere Dir jetzt kurz, welche Rollen Du im Leben und gegenüber anderen Menschen oft hast.

Ich erlebe mich in folgenden unschönen Rollen:

Rolle #1 _____

Rolle #2 _____

Rolle #3 _____

Diese Rollen habe ich gegenüber folgenden konkreten Perso-
nen oder Personen-Typen:

1 _____

2 _____

3 _____

2. Wie kam es dazu?

Eine Rolle nimmst Du entweder ein, weil Du glaubst, sie würde Dir helfen, besser durch bestimmte Situationen zu kommen, oder Du nimmst sie ein, weil sie Dir jemand überstülpt.
Überlege kurz, wie es dazu kam, dass Du in Rollen gelandet
bist, die in Dir ein negatives Selbstbild erzeugen.

Die Rolle #1 ...

☐ *wurde mir übergestülpt von* _____

_____

☐ *habe ich selbst eingenommen, weil* _____

_____

Die Rolle #2...

☐ *wurde mir übergestülpt von* _____

_____

☐ *habe ich selbst eingenommen, weil* _____

_____

Die Rolle #3...

☐ *wurde mir übergestülpt von* _____

_____

☐ *habe ich selbst eingenommen, weil* _____

_____

Prima! Einmal klar ausgesprochen zu haben, wer Dich in welche unliebsame Rollen steckt, ist ein perfekter Beginn.

3. Was daran tut Dir nicht gut, und wie kommst Du da raus?

Mit Deinen Antworten zur ersten Frage hast Du festgehalten, welches unerfreuliche Wiederholungsmuster im Hintergrund Deines Leben arbeitet. Deine Notizen zur zweiten Frage zeigen, welche Personen und Umstände es erschaffen haben. Notiere Dir als Drittes noch kurz, welche Gefühle das alles in Dir auslöst:

Folgende Gedanken und Gefühle erlebe ich immer wieder:

Du kannst *Vielen Dank* zu Dir selbst sagen. Das hast Du perfekt gemacht. Jetzt steht es unübersehbar da.

Alles in Dir will aus dem, was Du gerade aufgeschrieben hast, raus, weil es kein Fortschritt auf Deinem Lebensweg ist, wieder und wieder dieselben negativen Gedanken, Gefühle, Beziehungsabläufe und Situationen zu durchleben.

In Wahrheit willst Du also nicht *mehr Selbstliebe*, sondern Du möchtest die *negativen Gedanken und Gefühle* über Dich und Dein Leben *loswerden*.

Dein Ausweg besteht darin, Schritt für Schritt alles abzulegen, was Du in Wahrheit gar nicht bist. Sobald Du »einfach nur Du« bist, wirst Du keine Fragen mehr zu Selbstliebe oder Nichtselbstliebe haben. Dann bist Du – bildlich ausgedrückt – in Deinem inneren Paradies angekommen.

STECKE ICH IM ERSTEN IRRTUM ÜBER SELBSTLIEBE?

☐ Bekomme ich die Selbstliebe bereits seit längerer Zeit einfach nicht hin?

☐ Erdulde ich ungute Situationen und erkläre es mir selbst mit dem Argument, ich müsste zuerst mehr Selbstliebe lernen, um dann später die Situation verbessern zu können? (beruflich und privat)

☐ Weisen mich andere auf ein angebliches Selbstwertthema hin?

☐ Sagen Lebenspartner oder andere Menschen immer wieder einmal entwürdigende oder herablassende Dinge zu mir?

☐ Empfinde ich mich manchmal in der Position des schwarzen Schafs, das irgendwie keiner haben will oder jeder angreift?

☐ Läuft es bei der Verteilung von Dingen, Plätzen und Rechten häufig auf Benachteiligung für mich hinaus?

☐ Glaube ich daran, dass mehr Selbstliebe die Schlüssellösung für viele meiner Probleme ist und setze mich damit selbst unter Druck?

Die Auswirkungen des ersten Irrtums

Verstand (Gedanken-Gefühls-Kaskade)

Der Gedanke *Ich muss mich selbst mehr lieben* erzeugt einen Tunnelblick. Je häufiger Du das hörst und denkst, umso glaubhafter erscheint es Dir. Obwohl dieser Gedanke falsch ist, verhindert er alle weiteren Gedanken, die mit positiver Entwicklung Deines Selbst in der Zukunft zu tun haben. Du glaubst dann irgendwann wirklich: *Solange ich mich selbst nicht mehr liebe, wird das alles nichts.* Und das produziert noch mehr Mangel an Selbstliebe.

Selbstbewusstsein (Ich-Gefühl)

Mit dem Gedanken »Ich muss mich selbst mehr lieben« drückst Du Dein vorhandenes Ich in den Staub. Das kann Menschen in Deiner Umgebung irritieren. Du könntest Unverständnis, Mitleid oder Ablehnung ernten. So erlebst Du im Außen schon wieder die Bestätigung: *Man würdigt mich nicht, weil ich es nicht wert bin.*

Herzmagnet (Ausstrahlung)

Jemand, der überzeugt ist, er würde sich selbst zu wenig lieben, strahlt aus: *Behandele mich, wie Du willst. Ich werde mich nicht wehren.* Das zieht Menschen an, die sich denken: *Prima, ich wollte schon immer jemanden, der sich mir unterordnet.* Oder es zieht Menschen an, die Dich bestätigen: *Hey, ich kenne das auch, ich ordne mich auch immer zu schnell unter. So ist das Leben eben: ungerecht.*

Dein Leben ist ein Echo.

Was Du erlebst ist kein Zufall.
Alles um Dich herum reagiert auf
Deine Gedanken, Gefühle und Überzeugungen und erscheint
irgendwann auf der Leinwand Deines Lebens.
Daraus kannst Du Rückschlüsse ziehen,
welche Überzeugung Du gerade nicht mehr brauchst.

Auch wenn Du manchmal denkst: *Das wollte ich doch gar nicht,* kommt genau das auf Dich zu, was Du mit starken Überzeugungen und Gefühlen verknüpft hast.

Bist Du davon überzeugt, einen geringeren Wert als andere Menschen zu haben, werden andere Dir genau das auch eines Tages zeigen. Bist Du hingegen überzeugt, ein wertvoller Mensch zu sein, wirst Du auch respektvollen Umgang ernten.

Bemühe Dich nicht weiter, Dein Außen
zu verändern. Verändere stattdessen
Deine persönliche Einstellung zum Außen.
Der Rest folgt von alleine.

DAS LEBEN IST EIN ECHO

Soviel Selbstliebe habe ich im Moment (von 0–10):

◯ ◯ ◯ ◯ ◯ ◯ ◯ ◯ ◯ ◯
0   5   10

Welche Person spiegelt mir mit ihrem Verhalten, dass ich mich selbst ablehne?

_____

Welche Lebenssituation spiegelt mir gerade, dass ich mich selbst ablehne?

_____

Welche selbstschädigenden Handlungen vollziehe ich immer wieder?

_____

_____

Bei welchen schädlichen Handlungen mir gegenüber lasse ich andere gewähren?

_____

Dein Lösungsweg raus aus dem ersten Irrtum

Vielleicht hast Du Lust, einen neuen gedanklichen Weg auszuprobieren. Er sieht so aus: Du hast gar kein Problem mit Selbstliebe. Du bist nicht unzulänglich. Du musst nicht daran arbeiten, Deine Fähigkeit zur Selbstliebe zu verbessern. Du darfst sein, wie Du bist. Du kannst ein wirklich gutes Leben haben, ab sofort und für immer. In Wahrheit geht es um ganz andere Dinge:

1. Umdenken. Lass die alte Idee verstummen, Dich auf Selbstliebe als Ziel zu konzentrieren. Die Idee, sich selbst mehr lieben zu müssen, versetzt Dich in ein superstressiges Gedankengefängnis.

2. Würde. Achte nicht auf Deine Emotionen, sondern auf die Situationen. Beobachte, wie und wann Deine Würde in einer bestimmten Situation verloren geht, und stoppe Deine Beiträge dazu. Unterstütze nicht den weiteren Würdeverlust. Verteidige nicht Dich, verteidige Deine Würde.

3. Eigene Beiträge verstummen lassen. »Einen Beitrag verstummen lassen« ist ein neuer Gedanke für Deinen Kopf, denn dabei musst Du nichts an Dir selbst ablehnen, gegen nichts kämpfen und nichts Neues hinzulernen. Du hörst einfach mit etwas Altem auf. Prüfe in einem ruhigen Moment, welchen Beitrag Du künftig verstummen lassen könntest. Hier drei Beispiele:

- Du kannst den Beitrag verstummen lassen, Dich selbst ständig für Deine Gedanken und Gefühle zu verurteilen.
- Du kannst den Beitrag verstummen lassen, schädigende Handlungen an Dir selbst auszuführen.
- Du kannst den Beitrag verstummen lassen, Dich für entwürdigende Handlungen zur Verfügung zu stellen.

Folgenden Beitrag / Folgende Beiträge zu unguten Situationen in mir selbst oder im Außen könnte ich künftig verstummen lassen:

_____

_____

_____

_____

Sehr gut! Es ist wertvoll, wenn Du gedanklich künftig auf solche konkreten Möglichkeiten zugreifen kannst.

FINDE 3 LÜGEN ÜBER DICH

Wenn Du unwahre schlechte Dinge über Dich denkst oder hörst, beschädigt dies Deinen Selbstwert mit jedem Gedanken immer mehr. Du wirst Dich mangelhaft fühlen und das auch ausstrahlen. Finde 3 unwahre Behauptungen über Dich und befreie Dich von ihnen.

1. Schreibe 3 negative Behauptungen über Dich auf, zusammen mit der Person, die es behauptet (Vater, Mutter, Partner, Du selbst …)

(1) _____

_____

(2) _____

_____

(3) _____

_____

2. Prüfe nun jede einzelne Behauptung auf ihren Wahrheitsgehalt. Fange mit Aussage (1) an. Frage Dich: *Ist es in jedem Fall eine zu 100% nachweisbar korrekte Aussage, dass ich (1)... bin/tue?*

☐ Ja oder ☐ Nein?

3. Wenn es *nicht zu 100% korrekt* ist, notiere hinter die Aussage das Wort »falsch!« Falls Du schwankst, denke nochmal nach und finde ein Beispiel, in dem es nicht zutrifft. Frage Dich dann nochmal: *Ist es zu 100% korrekt, dass ich ... bin/tue?*

Lass nun zu, dass Du neu darüber denkst:

A) *Es ist eine Lüge über mich, wenn jemand sagt, dass ...*

B) *Die Wahrheit lautet, dass ...*

Schreibe das Neue hier auf, wenn Du magst:

_____

_____

Vorher/Nachher-Vergleich

Überprüfe mit offenem Herzen nochmal den Gedanken vom Anfang: *Ich muss mich selbst mehr lieben.* Stimmt das noch immer? Was ist Dein neuer, besserer Gedanke über Dich und Dein Leben? Worum geht es wirklich?

Gut zu merken:

#1
Man sagt, ich bräuchte
mehr Selbstliebe

✓

Das verstehe ich!

#2
Das klingt wie eine
Anforderung

Das macht mir Stress!

#3
Was wenn ich es nicht
schaffe?

Das erdrückt mich!

#4
Mehr Leistung soll
mehr Liebe erschaffen?

♥

Das lasse ich los!

Du musst also gar nichts und Du darfst alles.

Doch was, wenn ein Teil von Dir denkt, Du *dürftest* Dich gar nicht selbst lieben? Dann wärest Du in einer weiteren gedanklichen Falle ...

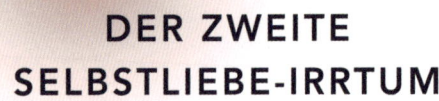

DER ZWEITE
SELBSTLIEBE-IRRTUM

»ICH DARF
MICH NICHT
SELBST LIEBEN.«

*Die Angst vor den Auswirkungen
von Selbstliebe verhindert die Selbstliebe.
Finde Deine Bedenken und
löse Deine Irrtümer zu den Folgen auf.*

Jona fand den Mann seltsam unwirklich, nicht nur, weil sein Alter so schwer zu schätzen war. Er passte auch nicht in das Bild eines typischen Cafébetreibers, verhielt sich aber so, als hätte er nie etwas anderes gemacht. An diesem von der Welt völlig abgeschiedenen Ort zu sitzen, Eistee zu trinken und gleichzeitig über ihr altes Leben zu sprechen, ließ für Jona alles noch mehr wie in einem Traum wirken. Wie eine Welt in der Welt, dachte sie.

Die Stimme des Mannes riss sie aus ihren Gedanken.

»Ach übrigens, ich bin Noah.« Er machte eine Handbewegung hinter sich. »Und das ist mein bescheidenes Café.«

Jona folgte seiner Geste und betrachtete das verwitterte Holzschild über dem Eingang: Lian´s Café

»Lian ist mein Familienname«, ergänzte er. »Mein Vater hat hier geschürft. Hat nicht viel gefunden und irgendwann lieber das Café gebaut.«

»Und wo ist er jetzt?«, erkundigte sie sich.

»Queensland. Im Rentnerparadies.«

»Aber Sie sind noch hier«, sagte Jona. »Obwohl das nicht gerade das Paradies ist.«

Er nickte. »Jeder ist, wo er sein muss.«

»Aber Sie müssten nicht hier in der Wüste leben. Sie könnten auch am Meer sein.«

»Vielleicht bald«, sagte er. »Noch muss ich hier sein.«

»Was zwingt Sie dazu?«, fragte Jona.

Statt einer Antwort lächelte er nur und zuckte kurz mit den Schultern.

»Und was zwingt *Sie* dazu?«, gab er die Frage zurück.

Sie zuckte ebenfalls mit den Schultern.

»Vielleicht bin ich hier, weil ich mir beweisen will, dass ich mich selbst nicht mehr einsperre. Ich habe so lange gegen mich und alles um mich herum gekämpft. Jetzt will ich meine Freiheit nicht nur wissen, ich will sie erleben, riechen, schmecken, sehen und fühlen.«

»Was ist geschehen?« Er machte eine Geste, dass er sich zu ihr an den Tisch setzen wollte.

Jona nickte. »Gerne. Ich war zehn Jahre in einer Beziehung, drei davon verheiratet. Es war noch nie wirklich gut, aber nach der Heirat wurde es immer schlechter für mich.«

»Und was war das Schlechte?«

Jona dachte lang darüber nach, ob sie eine so persönliche Geschichte einem Fremden erzählen sollte. Andererseits war sie am Ende der Welt, es gab nichts anderes zu tun. Wenn nicht hier, wo dann?

»Wenn ich zurückblicke, hat sich Kris, mein Ex-Mann, schon immer egoistisch verhalten. Ich habe es nur nicht sehen wollen. Nachdem wir geheiratet hatten, wurde es aber deutlich schlimmer. Irgendwann kam ich mir nur noch wie seine Dienstbotin vor. Wir dachten, die Heirat würde etwas verbessern, würde uns gleichwertiger machen, aber stattdessen fühlte ich mich plötzlich wie eingesperrt. Als wäre ich sein Eigentum. Er sagte später, dass er das auch so empfunden hatte.«

»Was denn?«, fragte Noah, der bis jetzt aufmerksam zugehört hatte.

»Dass er sich wie in einem Laufrad fühlte. Er wollte mich nicht so behandeln, aber er tat es irgendwie doch, sagte er zumindest. Ich ahnte das ja auch, aber es half mir damals nicht weiter. Weder ich noch er kamen aus der Rolle heraus. Wir stritten uns am Ende fast jeden Tag, sofern wir uns nicht gerade ignorierten. Es ging irgendwie nur noch darum, wer recht hatte und wer nicht. Ein endloses Machtspiel. Ich mag das gar nicht mehr im Detail erzählen. Auf jeden Fall wurde ich krank und bekam schließlich die Diagnose zu einer Vorstufe von Krebs. Da wusste ich, dass ich sofort etwas ändern musste.«

Sie sah Noah an. »Und nun sitze ich hier.«

Er nickte. »Wissen Sie schon, was Sie mit Ihrer Freiheit machen werden?«

»Ich hoffe, es bald zu wissen«, sagte sie. »Sie leben ja hier. Wie ist es, so frei zu sein?«

Er lachte. »Zunächst mal ist es kein problemfreier Zustand.«

»Wieso das denn?«

»Der Kopf«, sagte er. »Er will wissen, wer wir sind und warum wir morgens aufstehen sollten. Sonst macht er uns verrückt und unglücklich. Freiheit ohne eine Aufgabe erschafft schnell ein neues Problem. Vielen Menschen bereitet es Zukunftsangst, wenn in der Zukunft nichts zu sehen ist.«

»Das merke auch ich bereits«, sagte Jona. »Vielleicht war das der Grund, warum ich mich solange in mein altes Leben gefügt habe. Ich wusste immer, was kommt, auch wenn es mich nicht glücklich machte.«

»Coober Pedy ist ein guter Ort, um das Wesen der Freiheit zu verstehen. Hier einfach nur zu wohnen würde einen verrückt machen, denn es gibt hier nichts, was Sie mit Ihrem Leben anstellen können, außer, Sie erfinden etwas. Eigentlich müssten sich hier alle aus Langeweile oder vor Unglück streiten. Aber jeder, der hier lebt, hat eine Vision. Das sorgt dafür, dass man den anderen versteht, und es hält alle zusammen.«

»Und was ist diese Vision genau?«, fragte Jona.

»Sie graben Schächte, Gänge und Räume in die Erde, jeden

Tag immer mehr, immer weiter, in der Hoffnung, diese eine riesige Opalader zu finden, mit der man ausgesorgt hat. Ohne diese Vision würde keiner freiwillig länger hier bleiben. Ihre persönliche Vision ist das Lebenselixier aller Menschen hier. Sie gibt Sinn und Kraft und die Motivation, jeden Tag weiterzumachen.«

»Jetzt weiß ich auch, was ich für mich suche«, sagte Jona. »Eine Vision für mein Leben.«

Sie nahm ihr Tagebuch zur Hand. »Einen Moment bitte«, sagte sie, »das muss ich mir aufschreiben.«

DIE ZWEITE ERKENNTNIS VON JONA SAM

Ich brauche keine Superkraft,

sondern eine Lebensidee.

Die Angebote Deines Lebens

Wenn Dir Dein Leben gute Möglichkeiten anbietet, wirst Du sie umso leichter erkennen und ergreifen, je klarer Du weißt, warum Du hier bist. Du erkennst dann, was eine zu Dir passende Chance ist, sagst Ja, und die nächsten Schritte fügen sich wie von selbst.

Dich selbst zu lieben bedeutet also in Wahrheit: Angebote des Lebens für etwas Gutes auch in Anspruch zu nehmen.

In diesem Kapitel klären wir drei weitere Fragen:

1. Was ist ein »Angebot« des Lebens?
2. Wo oder warum lehnst Du Angebote des Lebens für eine neue Identität vielleicht ab oder übersiehst sie?
3. Wie erkennst Du künftig Angebote, die zu einem glücklicheren und größeren Selbst führen, rechtzeitig, und wie kannst Du sie aktiv annehmen?

1. Was ist ein »Angebot« des Lebens?

Ein Angebot des Lebens ist eine Möglichkeit, um aus einer alten *Ich liebe mich selbst nicht*-Identität herauszukommen und in einem besseren Leben zu landen. Solche Situationen fühlen sich an, wie an einer Weiche zu stehen. Für einen Moment hältst Du inne, spürst den Hebel in der Hand und denkst an Ja oder Nein.

2. Wo oder warum lehnst Du Angebote des Lebens vielleicht ab oder übersiehst sie?

Grund 1: Der Reflex

Wie Du auf etwas Unerwartetes reagierst, hat viel mit dem zu tun, was Du bisher in Verbindung mit Unerwartetem erlebt hast. Wer viele schlechte Erfahrungen gemacht hat, lehnt etwas Neues oft erst einmal reflexartig ab. Wenn ein Kind zum Beispiel unerwartet schlechte Noten bekam und dann zu Hause dafür nochmals abgestraft wurde, verknüpft es *Überraschungen* und neue Situationen mit *schlechten Gefühlen*. Oder Du hast als Kind erlebt, dass alles Neue sofort zerlegt, analysiert und kritisiert wurde, bis kaum mehr Gutes daran war. Dann scheust Du Neues instinktiv.

Grund 2: Die Folgen

Wenn Du die Möglichkeit, jemand Neues zu werden, ergreifst, bedeutet das automatisch, dass Du Teile Deiner alten Identität loslassen musst. Du kannst nicht Dein altes und Dein neues Ich gleichzeitig sein. Folgst Du dem Neuen, wirst Du automatisch selbst neu werden.

Da Du oft nicht sicher weißt, welche Folgen Dein neues Selbstbewusstsein haben wird, könnte ein Teil von Dir *Angst vor einem Schaden* haben. Ähnlich einem Kind, das bestraft wird, weil es ungefragt eine neue Idee ausprobiert und dabei etwas angerichtet hat.

Das Ausmalen *möglicher Folgen von mehr Selbstwert* aktiviert also manchmal Ängste, die dafür sorgen, dass man alles lieber belässt, wie es ist.

3. Wie erkennst Du künftig Angebote für ein glücklicheres Selbst und nimmst sie an?

Dein Selbstwert hängt unmittelbar damit zusammen, wie gut Du aus eigener Entscheidung Zufälle, Chancen und Möglichkeiten nutzt, um Dein Leben zu verbessern. Du erkennst solche Stellen in Deiner Lebensgeschichte an Deiner Aufregung, einem neuen, vielleicht grandiosen Abenteuer gegenüberzustehen Diese Aufregung kann aber dafür sorgen, dass Du nicht weißt, was Du tun sollst. Vielleicht hast Du Lust, Dir dazu kurz ein paar Klarheiten zu verschaffen:

1. Meine »grundlegende Offenheit« dafür, etwas Neues für mein Leben auszuprobieren, liegt auf einer Skala von 0 bis 10 spontan bei:

2. Meine »Reflexe« reagieren auf plötzliche Angebote, etwas ganz Neues auszuprobieren, mit einer:

3. Mein »Selbstvertrauen« bezüglich des Ausprobierens neuer lebensgestaltender Ideen liegt bei etwa:

4. Meine »Offenheit« dafür, alte Situationen, Überzeugungen und Pläne »loszulassen«, liegt bei:

Die eventuellen Unterschiede im Ergebnis zeigen Dir, welche Instanz in Dir momentan am meisten bremst.

»Mich selbst nicht lieben dürfen!« Woher kommt denn diese Idee?

Wenn Du Dich selbst mehr lieben würdest, wärst Du anders als zuvor. Du würdest bestimmte Dinge nicht mehr zulassen, würdest mehr Grenzen setzen und Deine Bedürfnisse besser durchsetzen. Oder Du würdest Dir mehr Zeit für Dich und weniger für andere nehmen. Vielleicht würdest Du nicht ständig lieb und brav sein, oder, oder …

Was immer die Folge Deiner größeren Selbstliebe wäre, sie würde automatisch eine Reihe von *Veränderungen* in Gang setzen. Auch im Leben der Menschen, die mit Dir zu tun haben. Dein neuer Selbstwert rüttelt also an bestehenden Spielregeln, Sichtweisen und Meinungen. Wenn Du magst, notiere Dir kurz drei Auswirkungen von mehr Selbstliebe, die anderen vielleicht nicht behagen könnten:

1. _____

2. _____

3. _____

Obige Gründe halten Dich intuitiv von Dir selbst fern. Wenn Du magst, schreibe hinter jeden: »Kein Problem« und mache dann einen deutlichen Haken.

Die Auswirkungen des zweiten Irrtums

Verstand (Gedanken-Gefühls-Kaskade)

Ich darf mich nicht selbst lieben, sonst ... So ein Gedanke verhindert alle positiven Gedanken, die mit der Selbstgestaltung Deiner Zukunft zu tun haben. Wenn sich Dein Verstand keine guten Dinge für Dich ausdenken darf, werden – allein schon biochemisch gesehen – auch keine belohnenden Botenstoffe (Endorphin, Dopamin ...) produziert, die Du für das Gefühl von Glück benötigst. Darum werden Menschen ohne Möglichkeiten oft depressiv.

Selbstbewusstsein (Ich-Gefühl)

Dir selbst Glück zu verwehren, macht Dich zu einem unglücklichen Menschen. Andere bekommen das mit, fühlen sich auf Dauer nicht wohl dabei und nehmen intuitiv mehr Abstand. Wieder erlebt Dein Ich im Außen die Bestätigung: *Man lehnt mich ab, ich bin nicht wertvoll.*

Herzmagnet (Ausstrahlung)

Jemand, der Angst vor den Folgen von Selbstwert hat, strahlt aus: *Ich habe Angst vor dem, was Du tun wirst, wenn ich mich mehr wertschätze.* Damit ziehst Du Menschen an, die es gewöhnt sind, offen oder verborgen Androhungen von Folgen auszustrahlen. Du stehst dann ständig unter Angst und Anspannung, dass beim anderen »die Bombe explodieren« könnte.

FreeYourSelf Secret #2
Dein Leben ist ein Spiel.

Deine Beziehungsabläufe sind keine Willkür.
Sie haben ein System und sind geknüpft wie ein Netz.
Die Beteiligten in diesem Beziehungsnetz
verhalten sich wie Schauspieler in erlernten Rollen.

Zu den Kräften, die Dich am stärksten begrenzen, gehören die *Rollen*, die Du angenommen hast oder in die man Dich gesteckt hat. Man nennt sie auch die Kräfte der »Systeme«, von denen Du ein Teil bist. Die Familie, die Partnerschaft, Vereine, der Bekanntenkreis, die Arbeit ... Diese Systemkräfte können deshalb so beengend wirken, weil so viele Menschen daran beteiligt sind, sie aufrechtzuerhalten. Alle wollen, dass alles so stabil bleibt, wie es ist. Und Du bist mittendrin.

Das ist ein wenig so, als ob ein einzelner Knoten in einem Fischernetz rufen würde: »Ich will endlich frei sein.« Keiner der anderen Knoten wird das begrüßen, denn es würde das ganze Netz instabil machen oder gar auflösen.

Als Knoten in einem Netz zu leben macht manche Menschen glücklich, weil es ihnen Sicherheit gibt. Andere hingegen macht es unglücklich, weil das Netz eine persönliche Entfaltung behindern kann.

Von folgenden Systemen bin ich ein Teil und habe dabei folgende Rolle:

System _____

Meine Rolle _____

System _____

Meine Rolle _____

System _____

Meine Rolle _____

System _____

Meine Rolle _____

Mache nun hinter jede Rolle, die Du magst, einen Haken und einen Smiley ☺.

Streiche jede Rolle, die Du gar nicht magst, deutlich durch.

Die durchgestrichenen Rollen verhindern, dass Du gute neue Angebote des Lebens annehmen kannst.

Ich darf »das alte Spiel« nicht abbrechen ...

Wenn Menschen in einer Beziehung sind, läuft vieles ab wie in einem immergleichen Spiel. Man kommt zusammen, jeder nimmt seine Rolle ein, und los geht es. Alte Rituale und Beziehungsmuster zeigen sich. Denke nur an manche Familientreffen. Seit wie vielen Jahren läuft da alles praktisch identisch ab?

Mehr *ich selbst werden* bedeutet: weniger der Rollen spielen, die Du in der vorigen Übung durchgestrichen hast. Suche Dir eine davon aus und sieh sie Dir näher an.

Meine Beziehungsrolle gegenüber der Person

_____ *lautet meistens:*

Ich bin der/die/das

_____

und der/die andere schlüpft in die Rolle von:

_____

... Dummchen und Genie, schwach und stark, Loser und Held, armes Opfer und Helferlein, erfolglos und erfolgreich. ... Und so weiter. Das wahre Problem bist nicht Du und Deine Qualitäten. Das wahre Problem ist, dass man Dir immer wieder den Mantel umhängen kann, der Dir bezüglich deines Selbstwerts so schadet. Aber warum?

... denn Folgendes könnte passieren:

Sich mehr um sich selbst zu kümmern macht einen bei anderen manchmal unbeliebt, und sie lassen einen das ganz subtil spüren. Entweder bekommst Du dann Angst, Bestrafungen zu erleiden, oder Du hast Angst, Vorteile zu verlieren. Was trifft bei Dir zu?

☐ *Wenn ich das Spiel nicht mitspiele, werde ich vielleicht ausgestoßen. Ich könnte eine Person oder eine Gruppe verlieren. Ich könnte meine innere Heimat/Gewohnheit verlieren.* (Einsamkeit)

☐ *Wenn ich das Spiel nicht mehr mitspiele, geschieht vielleicht etwas Bedrohliches für meine Existenz oder meinen Komfort.* (Geld, Unterkunft, auf der Straße sitzen)

☐ *Ohne das Spiel könnte es in meinem Leben leer und sinnlos sein. Wer bin ich noch, ohne dieses Spiel?* (Identitätsverlust, Aufgabenverlust, Problemverlust)

☐ Etwas anderes, nämlich:

_____

_____

_____

_____

Was Du verstärkt leben oder eher vermeiden solltest

Es gibt Dinge, die von Geburt an zu Dir und Deiner Seele gehören. Und es gibt Dinge, von denen man Dir gesagt oder suggeriert hat, dass Du so sein müsstest. Ersteres wird Dich glücklich machen. Letzteres nicht. Frage Dich:

1. Wobei geht es mir schlecht, wenn ich es nicht tun kann/darf (obwohl ich es so liebe)?

_____

_____

Das sind die Dinge, die Du aus der Sicht Deiner Seele leben *musst*. Wenn Du es nicht kannst, wirst Du einsam, traurig oder wütend sein oder Dein Leben als sinnlos empfinden.

2. Wobei geht es mir schlecht, wenn ich gezwungen bin, es oft tun zu müssen (obwohl es mich nicht berührt)?

_____

_____

Das sind die Dinge, mit denen Du Dich verleugnest, falls Du sie zu lange und zu oft tust.

Denkst Du auch so?

6 BEDENKEN GUTER MENSCHEN, DIE SELBSTLIEBE VERHINDERN

Bedenken #1: Die Angst, schlecht zu sein

Wenn ich mehr von dem tun würde, was mir guttut, hätten andere mehr Arbeit oder Unannehmlichkeiten. Ich möchte aber niemandem schaden.

▸ **Wahrheit:** Auf Dich selbst zu achten fügt niemandem Schaden zu. Es beendet höchstens einen Komfort für andere. Weil sie auf diesen nicht verzichten wollen, vermitteln sie Dir das Gefühl, Du würdest ihnen Schaden zufügen. In Wahrheit endet aber nur ein Vorteil auf Deine Kosten.

▸ **Weg:** Ersetze das Wort »Schaden« durch das Wort »Achtsamkeit« und sieh alles nochmal an. *Ich schade niemandem. Ich bin nur achtsamer im Umgang mit mir und meinem Leben. Achtsam sein könnte der andere ja ebenfalls, wenn er das mag. Wenn aber nicht, kannst Du Deine Achtsamkeit dennoch leben.*

Hier könnte ich achtsamer mit mir selbst sein:

1 _____

2 _____

3 _____

Bedenken #2: Die Angst, verlassen zu werden
Wenn ich mehr meinen eigenen Weg gehen würde, könnte der andere mich am Ende verlassen. Ich habe aber Angst, verlassen zu werden.

▸ **Wahrheit:** Die Angst, verlassen zu werden, ist immer ein gemeinsames Thema. Beide haben es. Der eine versucht, seine Angst, verlassen zu werden, in den Griff zu bekommen, indem er Konsequenzen androht, falls er verlassen wird. Der andere versucht, seine Angst, verlassen zu werden, durch seine Unterwerfung in den Griff zu bekommen. Wenn Du Stück für Stück Deinen Weg gehst, ohne den anderen zu verlassen, kann er lernen, dass mehr Selbstwert nicht zur Trennung führen muss. Oft steigt damit sogar der gegenseitige Respekt.

▸ **Weg:** Ersetze das Wort »verlassen« durch das Wort »finden«. Wen *findest Du* und *wer findet Dich*, wenn Du mehr Deinen Weg gehst?

_____

_____

_____

Bedenken #3: Angst vor Strafe

Mit meinen Mängeln bin ich für andere mehr Belastung als Gewinn. Aber man duldet mich, solange ich mich kleinmache. Würde ich Selbstliebe gewinnen und meine Unterordnung beenden, wäre ich noch mehr eine Belastung und würde die Folgen zu spüren bekommen.

▸ **Wahrheit:** Eine ständige Selbst-Unterordnung zwingt den anderen in die stressige Rolle eines »Übergeordneten«. Als solcher kann er Dich nur schwer lieben und fühlt sich ebenfalls benutzt. Das macht ihn wütend. Diese Wut verstärkt dann wiederum Dein Gefühl, ein Fehler zu sein.

▸ **Weg:** Zwinge den anderen nicht in die Rolle eines Übergeordneten, nur weil Du Dich unterordnest.
Du hast keine *Mängel*. Wie jeder, so hast auch Du *Eigenschaften*, von denen manche geringer ausgebildet sind und andere höher. Ersetze das Wort »Mängel« durch das Wort »Eigenschaften« und richte Dich immer wieder auf die *hoch entwickelten* aus. Wenn Du magst, notiere Dir 3 Beispiele für gute oder hoch entwickelte Eigenschaften:

1 _____

2 _____

3 _____

Bedenken #4: Konfrontationsangst

Wenn ich mehr mache und sage, was ich denke, werde ich oft am Ende dafür angegriffen und schlecht behandelt. Ich möchte aber keine Konfrontationen erleben.

▸ **Wahrheit:** Du hast nicht Angst vor Konfrontationen, sondern vor den *Folgen einer Konfrontation*. Und diese bestehen in den negativen Gefühlen und Bestrafungsaktionen, die man Dich in Deiner Kindheit gelehrt hat.

▸ **Weg:** Du musst gar nicht in die Konfrontation gehen. Du musst auch kein Kämpfer und Krieger werden. Denke an Mahatma Gandhi und sein Konzept des *gewaltfreien Widerstandes*. Er rief seine Landsleute dazu auf, die Rollen der Unterdrückten nicht mehr aktiv auszufüllen. Sie sollten einfach aufhören, das Spiel weiter mitzumachen. Bald darauf war Indien aus langer Unterdrückung befreit.

Wenn Du aufhörst, etwas (Selbst-)Schädigendes zu praktizieren, ist das kein Angriff. Du bist nicht schlecht, nur weil Du Deine Mitwirkung an einem schlechten Spiel beendest. Womit konkret könntest Du aufhören?

1 _____

2 _____

3 _____

Bedenken #5: Egoismus

Ich möchte ein guter Mensch sein. Zu viel Selbstliebe ist aber egoistisch. Egoisten sind rücksichtslose Menschen, weil sie nur an sich denken. Ich will kein egoistischer, schlechter Mensch sein.

▸ **Wahrheit:** Selbstliebe und Egoismus sind grundverschieden. Der Egoist nimmt anderen zum eigenen Vorteil etwas weg. Der Selbstliebende hört einfach nur damit auf, sich von Egoisten etwas wegnehmen zu lassen.

▸ **Weg:** Woher kommt die Idee, dass irgendein Verhalten von Dir rücksichtslos sein könnte? Welche Personen haben Dich solche Gedanken gelehrt?

Prüfe nach: Waren obige Person(en) selbst immer rücksichtsvoll und selbstlos? Falls nicht, welches Recht haben sie dann, Dir vorzuwerfen, Du wärest egoistisch, schlecht oder rücksichtslos?

TIPP: Prüfe immer, ob eine Person selbst das vorlebt, was sie von anderen fordert. Falls nicht, sind ihre Anweisungen unbrauchbar und nichts, wonach man sich richten kann.

Bedenken #6: Anmaßung

Wenn ich einfach tue, was für mich gut ist, würde ich ja behaupten, ich hätte auch »das Recht dazu«. Das klingt anmaßend. Ich will kein anmaßender Mensch sein.

▸ **Wahrheit:** Dein Recht, auf dieser Welt einen Raum einzunehmen und ihn auch zu benutzen, ist zusammen mit Dir geboren worden. Niemand muss es Dir geben, niemand kann es Dir nehmen. Außer Du selbst.

▸ **Weg:** Prüfe nach: Wem gegenüber glaubst Du das Recht auf Deine Anwesenheit und Deinen eigenen Weg rechtfertigen oder erbitten zu müssen?

Wann hast Du dieser Person das Recht zugestanden? Oder hat sie es sich einfach selbst zugeschrieben? Wäre es gut, ihr dieses Recht wieder abzusprechen?

Ja, das mache ich: Hiermit hole ich alle Rechte von Dritten, die glauben, sie dürften über mich, meine Interessen oder mein Lebensglück bestimmen, wieder zu mir zurück.

Datum, Unterschrift

SCHREIBE DIR SELBST
EINEN LIEBESBRIEF

Stelle Dir vor, Du möchtest einer anderen Person einen lieben Brief schreiben, weil Du sie sehr magst oder sie aufmuntern möchtest. Du setzt Dich also hin und überlegst, was Du an dieser Person gut, wertvoll und schön findest. Du denkst nach, auf welche Weise sie andere bereichert. Schreibe es in Deinen Worten, so wie es die andere Person erfreuen würde.

Vorher/Nachher-Vergleich

Überprüfe in aller Ruhe und mit offenem Herzen nochmal den Gedanken vom Anfang:

Ich darf mich selbst nicht lieben.

Stimmt er noch immer?

Was ist Dein neuer, besserer Gedanke über Dich und Dein Leben?

Erfüllst Du nur eine Rolle,
bist Du austauschbar.

Spielst Du ein Spiel mit,
bist Du ein Spielball.

Bist Du ganz Du selbst,
bist Du einzigartig.
Und damit besonders wertvoll.

Gut zu merken:

#1
Man sagt, Egoismus
sei schlecht

Da ist was dran!

#2
Wer sich selbst liebt,
kümmert sich mehr um
sich selbst

Das stimmt!

#3
Das klingt wie
Egoismus

Das ist ein Problem!

#4
Also schadet meine
Selbstliebe anderen?

Das glaube ich nicht!

Selbstliebe nimmt niemand anderem etwas weg, das ihm gehören würde. Sie holt nur zurück, was rechtens seit Geburt zu Dir gehört: die Aufgabe, für Dein Wohlergehen zu sorgen und das Geschenk Deines Lebens nicht selbstzerstörerisch an andere zu verschenken.

Solltest Du glauben, Du könntest dieses Recht nicht so einfach zu Dir zurückholen, sieh Dir die Gedanken des nächsten Kapitels an ...

DER DRITTE
SELBSTLIEBE-IRRTUM

»ICH HABE
DOCH
KEINE WAHL.«

*Akzeptiere nie nur die Möglichkeiten,
die Dich gerade gefangen halten.
Es gibt nicht nur A oder B.
Es gibt immer auch Deine Möglichkeit.*

Mit einer geübten Handbewegung klappte Jona ihr Tagebuch wieder zu und schlug den Haltegummi über den Buchdeckel.

»Sieht so aus, als dächten Sie viel nach«, sagte Noah.

»Warum?«

Er deutete auf ihr Tagebuch. »Sieht ziemlich benutzt aus«, sagte er.

»Es hilft mir, mich zu sortieren«, sagte sie. »Wenn ich etwas aufschreibe, das ich gerade erkenne, ist das, als würde ich ein Stück von mir selbst zurückholen. Irgendwie bin ich dieses Buch, und in dem Buch ist nur Gutes. Das macht, dass auch ich selbst mich gut fühle.« Sie strich mit der Hand über den ledernen Einband. »Ich glaube, ich liebe es irgendwie. Halten Sie mich jetzt für verrückt?«

Er schüttelte den Kopf. »Bücher anderer Menschen beginnen in uns zu leben, sobald wir sie aufschlagen. Und jene, die wir selbst schreiben, werden vielleicht eines Tages in anderen leben.«

»Sie meinen, ich könnte Bücher schreiben?«

»Wer weiß.«

»Daran habe ich nie gedacht.«

»Warum nicht?«

»Ich habe da keine Begabung, glaube ich.«

»Sie erzählen Ihre Geschichte diesem Buch. Sie berichten ihm, was Sie erlebt und über das Leben herausgefunden haben. Sie reisen bis ans Ende der Welt, um sich selbst zu finden. Vielleicht ist das eine Geschichte, die viele berührt.«

»Ich bin nicht gewöhnt, so zu denken«, sagte Jona. »Anscheinend traue ich mir wirklich nicht viel zu.«

»Es gibt so viele Möglichkeiten«, sagte Noah. »Auf manche kommen wir gar nicht erst, weil wir uns selbst verbieten, frei zu denken.«

»Das stimmt«, sagte Jona. »Ich habe in meiner Beziehung viel zu lange gedacht, ich hätte keine andere Wahl, bis ich verstanden habe, dass ich damit jeden Tag das Alte wähle. Über zehn Jahre lang glaubte ich, nichts zum Besseren verändern zu können, weil ich das Schlechte nicht aufgeben wollte. Eigentlich habe ich mich selbst erniedrigt.«

»Ja«, sagte Noah, »es ist schon verrückt, was einen alles von Veränderungen fernhält. Am Ende ist es immer irgendeine Angst.«

»Haben Sie auch eine?«, fragte Jona.

»Natürlich.«

»Ist es zu vermessen, wenn ich Sie danach frage?«

»Ich habe Angst, dass meine Zeit nicht reicht«, sagte Noah.

»Wofür?«

»Für das, warum ich hier bin. Je weniger die verbleibenden Jahre werden, umso mehr spüre ich ihren Wert. Früher dachte ich nie so. Heute ist es mir bei meinen Entscheidungen viel wichtiger, auch das Richtige für mich zu tun.«

»Das weiß ich jetzt auch«, sagte Jona. »Ich wäre froh, ich könnte es meinem früheren Ich erzählen. Dann hätte ich mir einiges an Leid erspart.«

»Vielleicht geht das nicht«, sagte Noah. »Vielleicht braucht es das Leid als Unterricht für die Erkenntnis, wie man es sich selbst erschafft. Damit man es anschließend nicht mehr macht.«

»Ja, vielleicht«, sagte Jona.

Noah nickte, stand auf. »Noch einen Tee?«

»Danke, gerne«, sagte Jona.

Während Noah im Dunkel seines Cafés verschwand, überlegte Jona, was er gemeint hatte. War ein Leid tatsächlich einfach nur ein besonders starker Hinweis darauf, dass man eine Situation verändern sollte? Wählte man tatsächlich den Verbleib in schlechten Umständen täglich selbst erneut? War man wirklich in Wahrheit der Gestalter des eigenen Schicksals?

Auch wenn sie sich nicht ganz sicher war, schien an dieser Sichtweise dennoch etwas dran zu sein.

Jona schlug ihr Tagebuch auf.

DIE DRITTE ERKENNTNIS VON JONA SAM

Ich wähle immer. Auch das Verbleiben in alten Situationen.
Dieser Tatsache kann ich zustimmen und mir alles jeden Tag neu ansehen.

Deine Entscheidung nach vorne

In diesem Kapitel Deiner Reise zu Dir selbst untersuchen wir drei weitere wichtige Fragen.

1. Welche Entscheidungen sind für den Weg zu Dir selbst wichtig und welche sind unwichtig?
2. Welche Kräfte hindern Dich daran, Dich für ein neues oder besseres Leben mit Dir selbst zu entscheiden?
3. Wie kannst Du grundlegende Entscheidungen für Dich und Deinen Weg treffen und sie dauerhaft etablieren?

Ein Zeichen von Selbstliebe und Selbstwert ist es, Entscheidungen zu treffen, die einem guttun. Umgekehrt ist es ein Merkmal von Selbstablehnung, sich wiederholt für Dinge zu entscheiden, die einem schaden.

Nun lässt Dir das Leben nicht immer und bei allem eine völlig freie Wahl. Das ist auch nicht nötig. Wichtig ist nur, dass Du bei jenen Themen, die Deine Lebensqualität, Deine Würde und Deinen Selbstwert betreffen, gute Entscheidungen triffst und umsetzt.

Theoretisch ist Dir das natürlich klar. Praktisch kann es aber sein, dass Du es einfach nicht hinbekommst. Und dann könntest Du nach einer Weile denken: *Ach, was solls, ich hab ja doch keine echte Wahl.*

Welche Entscheidungen sind wichtig und welche nicht?

Wichtig sind alle Entscheidungen, auf die Du in einigen Jahren oder am Lebensende zurückblicken wirst und über die Du sagen wirst: *Gut, dass ich das damals so gemacht habe.* Oder: *Sehr schade, dass ich das damals nicht gemacht habe.*

Wirklich wichtig sind alle *Entscheidungen mit Tragweite*, die sich auf Dein Seelenglück auswirken. Welche das sind, merkst Du, wenn Du tief im Herzen unglücklich bist, weil Du sie einfach nicht triffst oder treffen kannst. Wenn Du nicht lebst, was Du im Herzen bist, entsteht die Traurigkeit Deiner Seele über das Leben und über Dich selbst. Lebst Du hingegen viel von dem, was Du im Herzen bist, kann das Leben Dich nicht dauerhaft aus der Bahn werfen.

Welche Kräfte hindern Dich?

Die drei wichtigsten sind:

1) Alle Situationen und Personen, die Dich letztlich nur benutzen wollen und Dir mehr nehmen als geben.

2) Deine Sehnsucht danach, jemandem gefallen zu wollen oder nicht ausgestoßen zu werden.

3) Deine Ängste, dass etwas Schlimmes geschehen könnte, wenn Du etwas für Dich veränderst.

Wie kannst Du leichter gute Entscheidungen treffen?

Es wird Dir viel leichter fallen, gute Entscheidungen für Dich zu treffen, wenn Dir drei Naturgesetze von Entscheidungen klar sind und Du diese mit *»Ja, das in Ordnung«* akzeptieren kannst. Wenn Du magst, mache ein Häkchen bei jenen Aussagen, denen zu zustimmen kannst.

☐ Fast jede Entscheidung kostet einen Preis.
☐ Manche Entscheidungen haben keinen Rückweg.
☐ Manche Entscheidungen können zu Beginn eine unangenehme Phase eröffnen, um dann anschließend in eine viel bessere Phase zu führen.

Was ist gerade Deine anstehende Entscheidung, und welcher der drei Punkte bedrückt Dich gerade am meisten? Worauf bezieht sich das bei Dir?

_____

_____

_____

»Keine Wahl!« – Woher kommt denn so eine Idee?

Stell Dir vor, jemand möchte, dass alle Menschen in seinem persönlichen Umfeld so sind und bleiben, wie er es für richtig hält. Dass sie ihm huldigen, einfach schon deshalb, damit er Stabilität, Sicherheit und Kontrolle fühlen kann. Was müsste dieser Mensch tun, um die anderen zum Mitmachen zu bewegen?

Er müsste ihnen das Gefühl vermitteln, sie würden ohne ihn keine guten oder richtigen Entscheidungen treffen können. Und wie würde ihm das am besten gelingen? Indem er ihre Gedanken abwertet, in Zweifel zieht, als falsch darstellt oder kaputt diskutiert, bis die Betroffenen nicht mehr an ihre eigenen Fähigkeiten glauben. Diese auch als »Gaslighting« bekannte Methode ist eine von vielen, mit denen man einem Menschen das Vertrauen in die eigene Wahlmöglichkeit nimmt.

Wenn Du so etwas Ähnliches schon erlebt hast, wäre es ganz normal, dass Du Dir heute nicht genügend zutraust. Dir wurde ja oft genug bewiesen, dass nichts, was Dir selbst entspringt, zu etwas Gutem führen kann. Diesem Gedanken-Bann entkommst Du, wenn Du Dir selbst aufzeigst, dass Du sehr wohl sehr viele Wahlmöglichkeiten hast und sie auch ständig nutzt. Du entkräftest sozusagen systematisch den Irrtum, dass Du keine Wahl hättest.

Die Auswirkungen des dritten Irrtums

Verstand (Gedanken-Gefühls-Kaskade)

Dein Verstand wurde von der Evolution immer weiter entwickelt, um Entscheidungen darüber zu treffen, wie man Probleme löst und das Leben besser macht. Wenn Du diese positive Urkraft unterdrückst, richtet sie sich gegen Dich selbst und denkt, dass Du das Problem bist, das gelöst werden muss.

Selbstbewusstsein (Ich-Gefühl)

Damit Du auch dauerhaft Freude am Problemlösen und Umgebungverbessern hast, belohnt Dich die Evolution nach jeder guten Entscheidung mit Glücksbotenstoffen. Darum strahlen erfolgreiche Menschen oft so viel Lebensglück aus. Denkst Du, dass Du keine Wahl hättest, verbietest Du Dir auch die Möglichkeit, Glück zu erschaffen. Das wirkt sich auf Dein Lebensgefühl in Form von geringem Selbstwert aus. *Ich kann mir ja nicht mal selbst was Gutes tun.*

Herzmagnet (Ausstrahlung)

Die Ausstrahlung *Ich habe keine Wahl* verhindert, dass Menschen und Möglichkeiten angezogen werden, die Du wählen könntest. Du strahlst sozusagen aus, dass Du an neuen Optionen und daran, eine Wahl zu haben, nicht interessiert bist. Die innere Grundhaltung blockiert also schon das Eintreten von Möglichkeiten.

Das Rad der »Wahlfreiheit«

Schritt 1: Male im *Rad der Wahlfreiheit* intuitiv die jeweiligen Segmente danach aus, wieviel Du jeweils davon *FÜHLST* *(in %)*

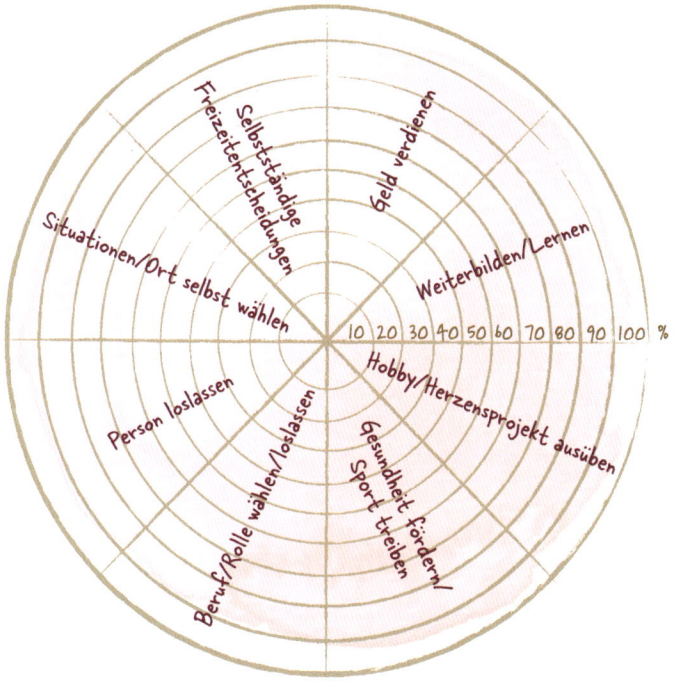

So sieht also die Wahlfreiheit aus, die Du *fühlst*.

Schritt 2: Zeichne nun – mit anderer Farbe oder anderem Muster – zusätzlich ein, wie Du bei sachlichem und ruhigem Nachdenken um Deine Wahlfreiheit *weißt* (in %). Gemeint ist also die emotionslose Tatsache.

Wenn Du magst, tue dabei so, als wärest Du ein externer Berater und solltest jemandem seine tatsächlichen Möglichkeiten aufzeigen.

Der Unterschied zwischen *gefühlter* und *tatsächlicher* Wahlfreiheit ist Dein Potenzial. Schritt für Schritt wirst Du es erreichen, wenn Du Dich von altem Glauben, Überzeugungen und Gefühlen der Wahllosigkeit befreist.

Auf der Spur: Vorteile der Wahllosigkeit?

Du kannst eine schlechte Meinung über Dich selbst nur dann wirklich loswerden, wenn Du auch die Vorteile loslässt, welche Dir diese schlechte Meinung verschafft.

Vorteile? Könntest Du fragen. *Ich habe doch keine Vorteile davon, mich schlecht zu fühlen.*

Vielleicht doch ein wenig. Ein sogenannter »verborgener Vorteil« ist ein gutes Gefühl, das Du nicht hergeben möchtest.

Beispiel:

Ich kann meinen Partner einfach nicht verlassen (weil er trotz eines gewissen Unglücks auch für Sicherheit/Wohlstand sorgt)

Ich kann einfach den unglücklich machenden Beruf nicht wechseln (weil er so verkehrsgünstig liegt und mir Versorgungssicherheit bietet)

Ich finde einfach keinen Partner (was auch ein Gutes hat, denn so kann ich weiterhin tun, was ich will.

Für den Fall, dass auch Dein Ich Vorteile in einer eigentlich unguten Situation gefunden hat, könntest Du sie kurz notieren:

Ich kann/möchte Folgendes nicht wirklich tun:

_____

Weil ich sonst Folgendes verlieren könnte:

_____

▶ Schritt 1 zu mehr Selbstwert: Annahme

Lehne Dich nicht dafür ab, dass Du die Vorteile aus einer Situation behalten möchtest. Stufe es als Entscheidung ein: *Ja, ich hätte schon eine andere Wahl. Aber ich entscheide mich, so zu verbleiben, weil ich keinen Nachteil erleben will.* Das ist ehrlich gegenüber Dir selbst, und damit ist es: Selbstannahme.

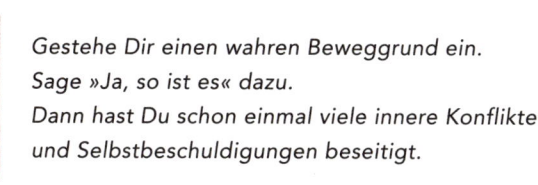

Gestehe Dir einen wahren Beweggrund ein.
Sage »Ja, so ist es« dazu.
Dann hast Du schon einmal viele innere Konflikte und Selbstbeschuldigungen beseitigt.

▶ Schritt 2 zu mehr Selbstwert: Ich habe immer eine Wahl

Ein häufiger Irrtum bei jeder Art von Wahl entspringt dem »binären Denken« unseres Verstandes. Er denkt oft in *Null* und *Eins* und glaubt, es gäbe nur zwei Möglichkeiten.

Beispiel: Der Verstand glaubt, man müsste entweder alles belassen, wie es ist, oder eine bestimmte (zu) radikale Entscheidung treffen. Aber das wäre so, als könnte man aus

Holzklötzchen ausschließlich einen Turm bauen oder gar nichts. Oder als könnte man sich nur entweder selbst lieben oder sich selbst ablehnen. Dass sich unzählige Menschen weder selbst lieben noch selbst ablehnen und dennoch ein wundervolles Leben haben, vergisst ein binärer Verstand einfach.

Warum ist das so?

In zwei Möglichkeiten zu denken ist aus Sicht der Evolution einfach, es geht schnell und führt meistens zu einer sparsamen und sicheren Lösung.

Wenn es *unten* gefährlich ist, klettere nach *oben*. Falls etwas *nicht gut* ist, ist es *schlecht*. Wenn jemand *kein Freund* ist, ist er ein *Feind*. Wenn es *nicht gut schmeckt*, ist es *schlecht* ... So zu denken geht schnell, klappt auch mit einem einfachen Gehirn und lässt das Lebewesen überleben.

Im Leben des modernen Menschen gibt es selten nur A oder B als Lösung. Wir können kreative Mischungen von A und B bilden. Wir können keines von beiden nehmen oder beides gleichzeitig oder ganz neue Lösungen dazumischen. So gesehen haben wir fast immer eine Wahl, die mehr ist, als nur A oder B.

Öffne Deine Gedanken für die Vorstellung, dass Deine Lösung in einer ganz anderen Möglichkeit, Lebensweise oder Welt liegen könnte, die nicht einfach »A oder B« lautet.

STECKE ICH IM DRITTEN IRRTUM ÜBER SELBSTLIEBE?

☐ Glaube ich, dass es nur die Möglichkeiten gibt, die mir gerade einfallen?

☐ Unterbinde ich Ideen mit Einwänden, noch bevor sie ausgesprochen sind?

☐ Denke ich, ich wäre materiell oder emotional abhängig?

☐ Glaube ich, ich müsste die aktuelle Situation bewahren?

☐ Waren meine Mutter oder mein Vater Opfer ihres Lebens?

☐ Habe ich Angst vor einer neuen Verantwortung, falls ich Entscheidungen treffen würde?

☐ Denke ich, dass mich Veränderungen in eine schlechtere Situation führen würden?

☐ Befürchte ich, irgendwann alleine dazustehen, wenn ich etwas für mich selbst tue?

☐ Befürchte ich, ich könnte zu viel Veränderung nicht alleine bewältigen?

☐ Bin ich dem Leben gegenüber misstrauisch, weil ich schon oft Reinfälle erlebt habe?

FreeYourSelf Secret #3
Jede Wahl beginnt mit Deinem Willen.

Zu tun, was Du willst, und zu unterlassen,
was Du nicht willst, erzeugt das Gefühl von
Handlungsfreiheit.
Sie ist ein wichtiger Baustein für Deinen Selbstwert.

Ich habe keine andere Wahl ist eine Pauschalaussage, die praktisch nie stimmt. Darum solltest Du sie auch nie ungeprüft akzeptieren. Sieh Dir nachfolgend genau an, aus welchen Modulen sich Deine Wahlfreiheit zusammensetzt. Markiere jeden Punkt, den Du sicher hast, mit einem Haken.

Ich habe …
☐ *die Wahlfreiheit, selbst zu denken.*
☐ *die Wahlfreiheit, mein Gedachtes gut zu finden.*
☐ *die Wahlfreiheit, es erreichen zu wollen.*
☐ *die Wahlfreiheit, es als Ziel zu beschließen.*
☐ *die Wahlfreiheit, mein Ziel anderen zu erzählen.*
☐ *die Wahlfreiheit, einen praktischen Schritt zu tun.*
☐ *die Wahlfreiheit, weitere Schritte zu tun.*
☐ *die Wahlfreiheit, mir Unterstützung zu holen.*
☐ *die Wahlfreiheit, es bis zum Ende zu bringen,*
wenn ich das möchte.

Vielfältige Möglichkeiten erdenken

5 SCHRITTE, WIE DU DEM BINÄREN DENKEN ENTKOMMST

Binäres Denken, »nur A oder B«, ist meistens falsch. Übe Deinen Geist in vielfältigem Denken.

1. Folgende Ist-Situation(en) in mir selbst oder im Außen würde ich gerne verbessern:

_____

_____

_____

2. In folgende gute Situation würde ich gerne kommen.

_____

_____

_____

(Eine bessere Situation konkret zu formulieren, verhilft Deinem Verstand zu mehr Klarheit.)

3. Angenommen, ich könnte keinen Menschen verändern außer mich selbst: Mit folgenden Dingen könnte ich als Erstes »aufhören«:

_____

_____

_____

(Mit etwas einfach aufzuhören übersieht der Verstand oft als Möglichkeit.)

4. Angenommen, ich könnte einen gewünschten Zustand niemals sofort erreichen, sondern immer nur einen einzigen guten Schritt in diese Richtung machen. Was wäre ein einziger guter Schritt, jetzt?

_____

_____

_____

(Mit einem einzigen Schritt zu beginnen, ohne alle Schritte und Folgen sicher zu wissen, lehnt der Verstand oft spontan ab. Darum ist es gut, das einmal in Ruhe zu formulieren.)

5. Wäre ich nicht gefangen in dem Gedanken, dass ich nichts wirklich verändern könnte, dann würde ich Folgendes tun:

———————————————————————————

———————————————————————————

———————————————————————————

(Einen negativen Gedanken grundsätzlich aus der Wertung zu entfernen, öffnet den Blick für neue Möglichkeiten.)

Wenn Du magst, dann sammle jetzt ein paar Möglichkeiten, etwas positiv zu verändern, die Du bislang noch nicht genutzt hast.

Wäre ich jemand anderes, so würde ich mir Folgendes raten:

———————————————————————————

———————————————————————————

———————————————————————————

(Für einen Moment eine externe Position einzunehmen, macht sachlich und befreit aus negativen Gefühlen.)

Worksheet: So viele Wahlmöglichkeiten!

WIE DU DER ILLUSION VON SELBST-BESCHRÄNKUNG ENTKOMMST

Dein Verstand glaubt solange an Irrtümer, bis er schwarz auf weiß sieht, dass die Tatsachen anders sind. Schreibe ihm einige Fakten auf, so dass er es sehen kann.
Dies alles, ob groß oder klein, kann ich jederzeit wählen:

———————————————————————

———————————————————————

———————————————————————

———————————————————————

———————————————————————

———————————————————————

Ist es also wirklich wahr, wenn ich den Satz denke: *Ich habe doch keine Wahl?*

☐ Ja   ☐ Nein

In jedem Moment, jetzt und in Zukunft,
entscheidest Du Dinge.
Du hast also immer eine Wahl
und Du triffst auch ständig eine Wahl.

Noch ein Lösungsweg zum dritten Irrtum

Ein Wurm hat keine Wahl, weil er als Lebewesen ohne Verstand und Willen keine Entscheidungen treffen kann. Du als Mensch hingegen hast immer eine Wahl. Korrigiere Deine irrtümlichen Gedanken von *Machtlosigkeit*. Wenn Du magst, versuche künftig, Gedanken mit »mehr Wahrheit« zu benutzen, wenn Du über Dich nachdenkst.

Gedanken mit mehr Wahrheit sind zum Beispiel:

- Ich *möchte* im Moment keine Wahl treffen.
- Ich möchte einfach keine Wahl treffen *müssen*.
- Ich möchte nicht die Ergebnisse meiner Wahl *verantworten* müssen.
- Ich möchte keine Wahl treffen, die etwas *gefährdet* oder *zerstört*.
- Ich möchte keine Wahl treffen, für die man mich dann *verurteilt* oder *beschuldigt*.
- Ich möchte keine Wahl treffen, die mich aus etwas *ausschließt*.

All dies gibt Dir viel von Deiner Kraft zurück, ohne dass Du gleich etwas tun musst.

SCHREIBE DEM UNIVERSUM EINEN BESCHLUSS

Stelle Dir vor, das Universum wäre eine wohlwollende Kraft, die sich freut, Dich in allem zu unterstützen, was Du für Dich selbst und Deinen Lebenssinn tust. Diese Kraft beginnt mit der Unterstützung, sobald sie erfährt, was Du beschlossen hat. Was würdest Du dieser Kraft als Deinen Beschluss mitteilen?

_____

_____

_____

_____

_____

_____

_____

Vorher/Nachher-Vergleich

Dein Verstand glaubt also oft, er hätte keine Wahl, weil die Wahlmöglichkeiten, die es tatsächlich gibt, ihm nicht behagen.

Um mit diesem Konflikt in Frieden zu kommen, haben manche Gedanken über lange Zeit hinweg geübt, real vorhandene Möglichkeiten mit einem Bann zu belegen: »Jaja, aber das geht in meinem Fall eben nicht.« Wieder und wieder gedacht entwickelt sich daraus manchmal eine Art Mantra, das sich unbemerkt auf fast alles und jeden beziehen kann.

Für Dich als Mensch wirkt es dann so, als würden Dir insgesamt im Leben kaum wesentliche Wahlmöglichkeiten übrig bleiben, obwohl das einfach nicht stimmt. Diese innere Situation drückt dann jeden Tag Deinen Selbstwert nach unten.

Überprüfe in aller Ruhe und mit offenem Herzen nochmal den Gedanken vom Anfang: *Ich habe keine Wahl.*

Stimmt er noch immer?

Was ist Dein neuer, besserer Gedanke über Dich und Dein Leben?

Gut zu merken:

#1
Entscheidungen haben Folgen!

✓

Das ist der Sinn der Sache!

#2
Manche Folgen verändern das Leben.

Das macht mir Angst!

#3
Ich kann die Angst nicht kontrollieren.

Darum habe ich keine Wahl!

#4
Also kontrolliert die Angst mein Leben?

Das lasse ich nicht zu!

Du hast also immer eine Wahl. Es mag sein, dass bestimmte Ängste Dich Deine Wahl nicht ausüben lassen. Das ist menschlich und ganz normal und kein Grund, Dich deshalb selbst abzulehnen. Triff die Wahl, Ja zu Dir und all diesen Gedanken und Gefühlen zu sagen. Alleine dadurch endet schon der Irrtum, Du hättest keine Wahl.

Gleichzeitig kommst Du dabei schon dem nächsten Irrtum auf die Spur…

Die Hoffnung darauf,
dass sich etwas von selbst verändert,
ist der Feind unserer Fantasie,
wie wir es verändern könnten.

DER VIERTE SELBSTLIEBE-IRRTUM

»ICH BIN NICHT GUT GENUG.«

*Die Art, wie Du mit Rückschlägen
und mit Meinungen über Dich umgehst,
bestimmt Deinen Selbstwert.
Verbessere Dein abschließendes Urteil,
und Du verbesserst alles.*

Die Fliegentür qietschte leise in den Angeln, und Noah kam zurück an den Tisch.

»Probieren Sie mal diesen hier«, sagte er. »Ich bin gespannt, wie er Ihnen gefällt.«

Er stellte das kleine Tablett auf den Tisch. Jona schob ihr Tagebuch beiseite und betrachtete, was vor ihr stand. Ein kugelartiger hölzerner Becher mit einem ebensolchen Deckel, durch dessen Loch ein Strohhalm ragte.

»Was ist denn das?«

»Mate«, sagte Noah. »Tee der brasilianischen Indianer. Sehr gesund. Man trinkt ihn mit einem Strohhalm in winzigen Schlucken aus einer Kalebasse.«

»Wie interessant«, sagte Jona und saugte ein paar Tropfen durch den Strohhalm. Das Aroma explodierte fast in ihrem Mund und erzeugte Bilder von Körben voller Tropenfrüchte. »Das ist wirklich sehr gut.«

»Ich freue mich, dass es Ihnen gefällt. Die Leute hier probieren selten etwas Neues aus. Immer nur kaltes Bier und heißen Kaffee. Macht mich auch nicht glücklich.«

»Dann macht Ihnen das hier also doch keinen Spaß?«, fragte Jona.

Er machte eine flatternde Handbewegung

»Eine Zeit lang habe ich gehadert. Ich ärgerte mich, dass die Miners – so nennen wir die Opalgräber – so uninteressiert an fast allem waren. Graben, essen, schlafen, feiern, trinken. Keiner, mit dem man ein tieferes Gespräch führen kann, immer geht es nur um die Steine und die Suche nach dem großen Fund. Ich dachte, ich werde verrückt hier.«

»Aber Sie sind geblieben«, sagte Jona.

»Ich bin geblieben, weil ich etwas erkannt habe«, sagte er. »Egal, wohin ich gehe, es wird dort immer Menschen geben, die ganz anderes ticken, als ich es schön finde. Und das ist völlig in Ordnung. Das Problem war ich selbst, weil ich so sehr wollte, dass sie meine Ideen toll finden. Tun sie aber nicht. Also sind nicht sie das Problem, sondern meine Erwartung an sie. Ich war unglücklich, weil ich ihre Meinung als Messlatte für mein Glück gewählt hatte.«

»Und jetzt sind sie Ihnen egal?«, erkundigte sich Jona.

»Überhaupt nicht. Ich mag die Leute hier, es sind gute Menschen. Mir ist nur nicht mehr wichtig, ob sie eines Tages das lieben werden, was ich liebe. Sie lieben eben, was sie lieben. Ich gebe ihnen ihr Bier und ihren Kaffee und interessiere mich für ihre Geschichten. Wenn einer erzählt, dass er eine Ader entdeckt, dann freue ich mich für ihn. Ich mag es, wenn jemand sein Glück findet.«

»Auf Dauer wäre mir das zu wenig, glaube ich«, sagte Jona.

»Dachte ich auch«, sagte Noah. »Aber es geht leicht, wenn man beschließt, dass man nicht das Lob der anderen braucht, sondern ihre Erfahrungen hören möchte.«

»Schön, wenn das so einfach wäre«, sagte Jona.

»Ja, das wäre eine andere Welt«, sagte er. »Aber wir haben nun mal nur diese hier.«

»Ich habe nie gelernt, mich von anderen Meinungen abzukoppeln«, sagte Jona. »Ich höre noch immer die Stimme meines Ex-Mannes, die mir einredet, ich wäre ohne ihn nichts wert.«

»Glauben Sie das noch immer?«

»Ich habe es alleine bis hierher geschafft«, sagte sie. »Aber was beweist das schon.«

»Es beweist, dass Sie aufstehen, wenn Sie am Boden liegen«, sagte Noah.

»Stimmt«, sagte sie.

»Und dass Sie sich von Umständen befreien, die ihnen wehtun.«

Sie nickte.

»Ich kann das nachvollziehen«, sagte er. »Mein Vater war ein ziemlich harter Bursche.« Er deutete auf eine Narbe über der linken Augenbraue. »Passte eigentlich gut hierher.«

»Was hat Ihnen geholfen?«

»Anders zu denken war mein Schlüssel«, sagte er. »Ich habe gelernt, dass ein Problem, von dem ich glaube, es beseitigen zu müssen, manchmal nicht das Problem ist, das ich tatsächlich beseitigen muss.«

»Das verstehe ich nicht«, sagte Jona.

»Sehen Sie die Koppel dort hinten?« Noah deutete nach Westen, wo sich die Sonne bereits dem Horizont zuneigte.

»Die mit den Rindern?«

»Ja«, sagte Noah. »Seit ich hier bin, wollen die Nachbarn erreichen, dass die Koppel nach außerhalb des Ortes verlegt wird, weil Rinder Fliegen anziehen und die Menschen hier Fliegen hassen. Aber der Besitzer will seine Koppel nicht verlegen, weil es bequem für ihn ist, alles vor seinem Haus zu haben. Darum sind die Nachbarn nun nicht nur auf die Rinder und die Fliegen wütend, sondern auch auf den Besitzer der Koppel.

Ein Problem ist wie eine Fliege. Es kommt immer wieder, solange ich den Grund nicht beseitige, warum es kommt.«

Das Handy klingelte. Noah zog es aus der Hintertasche.

»Entschuldigung«, sagte er. »Ich muss da ran.«

»Ist okay«, sagte Jona, nippte einen Schluck Mate aus der Kalebasse und zog ihr Tagebuch zu sich heran.

Selbstwert und Dein Umgang mit Rückschlägen

In diesem Kapitel lösen wir drei weitere Fragen, die Dich von Deinem wahren Selbst fernhalten können.

1. Welche Kräfte erzeugen Rückschläge und warum?
2. Wie gehst Du mit Hindernissen, Schwierigkeiten, Enttäuschungen und Rückschlägen um?
3. Wie kannst Du jeden Rückschlag in eine noch stärkere positive Kraft für Dich und Deinen Weg verwandeln?

Welche Kräfte erzeugen Rückschläge und warum?

Wenn ein Vogel ein Nest baut, braucht er dafür zwei bis vier Wochen und verliert dabei bis zu fünfmal mehr Zweige und andere Zutaten, als am Ende im Nest verbaut sind. Ist der Vogel deshalb frustriert? Keine Sekunde lang. Wie also geht die

Natur mit Rückschlägen um? Einfach mit Weitermachen. Weil es ein völlig normaler Vorgang ist, viele Anläufe zu brauchen, bis etwas letztlich gelingt. Rückschläge sind ein natürlicher Bestandteil fast jeder Zielerreichung, und sie sind nie ein Problem. Ein Problem entsteht nur, wenn man denkt, es sollte sie nicht geben.

Was man Rückschläge nennt, sind einfach nur Gegenbewegungen, die von selbst entstehen, wenn man etwas Größeres an der bestehenden Realität verändert. Dass wir einen Rückschlag als Strafe oder als Aufforderung zum Aufgeben verstehen, ist kein Bestandteil des Rückschlages. Es ist nur unsere persönliche Geschichte über ihn. Ein Rückschlag ist einfach nur ein Rückschlag, so wie ein Tag Regenwetter einfach nur ein nasser Tag ist.

Wie gehst Du mit Hindernissen, Schwierigkeiten, Enttäuschungen und Rückschlägen um?

Ein Rückschlag ist, wenn Du ein (Teil-)Ziel nicht erreicht hast oder wenn Du auf dem Weg dorthin zurückgeworfen wurdest. Woher hast Du Deinen persönlichen Umgang mit diesem Thema? Markiere auf der Skala, wie sehr Du als Kind Fehler machen duftest. 0% bedeutet: gar nicht. 100% bedeutet: Es war nie ein Problem.

Folgende Person(en) haben mich diese Skala gelehrt:

Die magische Kraft der positiven Worte

Worte erzeugen Gefühle. Und Deine Gefühle erschaffen Deine Weltsicht. Verbessere die Worte, mit denen Du etwas denkst, und Deine ganze Sicht wird sich verbessern.

Mache jeweils ein Häkchen an die Aussagen, denen Du zustimmen kannst.

- ☐ Es sind keine Rückschläge. Es sind *Versuche*.
- ☐ Es ist kein Scheitern. Es ist eine *Ausbildung*.
- ☐ Es ist kein Versagen. Es ist eine *Lehre*.
- ☐ Es ist keine Schuld. Es ist ein *Ergebnis*.
- ☐ Es ist keine Dummheit. Es ist eine *Erkenntnis*.
- ☐ Es ist keine Unfähigkeit. Es ist *Mut*.
- ☐ Es ist keine Verschwendung. Es ist ein *Schritt*.

Verschwende nicht die kostbaren Stunden, Tage und Jahre Deines Lebens damit, lange Geschichten über Rückschläge in Dir zu pflegen. Nimm es zu Kenntnis, ärgere Dich ein paar Sekunden und gehe dann weiter. Vielleicht denkst Du künftig: »Blöd! Egal. Weiter.«

Gut zu merken:

#1
Was ich liebe
und gut kann.

✓

Dafür kämpfe ich!

#2
Was ich liebe, aber
nicht so gut kann.

Das übe ich!

#3
Was ich nicht liebe,
aber gut kann.

Das nütze ich!

#4
Was ich nicht liebe und
auch nicht gut kann.

♥

Das lasse ich!

»Ich bin nicht gut genug.« –
Wie entsteht denn so eine Idee?

Fangen wir mit »gut« an: Es gibt nur zwei Möglichkeiten, wie in Dir das Gefühl entstehen kann, »gut« zu sein: Durch »Einreden« und durch »Erfolge«. Darum ermuntern gute Eltern ihre Kinder dazu, selbst Erfolge zu erschaffen. Sie sagen: *Du bist super, Du schaffst das* (= Einreden). Das Kind glaubt es, fühlt sich ermutigt und schafft es irgendwann auch wirklich (= Erfolge). Später, als Erwachsener, redet der Mensch es sich dann selbst weiter ein, und durch diese positive Herangehensweise gelingen ihm viele Dinge (= Erfolge).

Auf die gleiche Art entsteht in Dir das Gefühl, »nicht gut genug« zu sein: Das Einreden »Du schaffst das sowieso nicht« erzeugt das Gefühl, etwas wäre unmöglich zu schaffen. Mit dieser Grundhaltung versuchst Du es erst gar nicht oder brichst es mittendrin ab (Misserfolge).

Was wurde Dir eingeredet, und wer hat es in Deinem Kopf installiert?

_____

_____

_____

_____

Entscheide: Ist der Gedanke *Ich bin nicht gut genug* wirklich von Dir ☐ oder ist er fremd ☐ ?

Wie das Gefühl,
aufgeben zu wollen, entsteht

Wenn Du *keine Erfolge* hast, schüttet Dein Körper *keine Glückshormone* aus. Ohne diese fühlst Du Dich machtlos und/oder empfindest Dein Leben als sinnlos. Als Folge wirst Du unglücklich. Als unglücklicher Mensch lehnst Du Dich selbst ab und kannst Dich nicht mehr motivieren, Erfolge zu erschaffen. Fertig ist ein Kreislauf, der sich selbst am Leben erhält, bis Du ihn durchbrichst.

Das Gefühl, aufgeben zu wollen, entsteht, wenn Du Belohnungen durch Erfolge *nicht schnell genug oder gar nicht* bekommst. Dann sagt ein Teil von Dir: *Was soll das alles, hiermit bekomme ich ja eh kein Glück, das ergibt keinen Sinn.*

Stelle Dir vor, Du willst ein Ziel erreichen, und es dauert dreißig Tage. Am dritten Tag denkst Du: *Ich mag das nicht mehr, es macht keinen Spaß.* Am zwölften Tag denkst Du: *Mir reicht das jetzt, es ist zäh, es geht nicht zügig weiter, ich breche ab.* Hast Du hingegen tägliche Miniziele als Etappen, sagt etwas in Dir: *Hey, das war gut heute. Ich hatte Erfolg. Das mache ich morgen weiter.*

Dieselbe Aufgabe. Die gleiche Menge an Tagen. Zwei unterschiedliche Zielsetzungen. Im einen Fall bleibst Du motiviert, im anderen nicht.

Ob Du etwas schaffst, liegt an Deiner Fähigkeit, Dir selbst Teilziele zu setzen, für deren Erreichen Du am Ende jedes Tages dankbar sein kannst. Dann wird jeder Tag des Weges Glück erzeugen.

Auswirkungen des vierten Irrtums

Verstand (Gedanken-Gefühls-Kaskade)

Dein Verstand ist von Natur aus darauf ausgelegt, Probleme zu lösen, gute Wege zu finden und Ziele zu erreichen. Das ist erstmal ganz unpersönlich, es geht nur um Ziel, Aufgabe, Lösung. Als Belohnung für eine gute Entscheidung erhältst Du (und jedes höhere Lebewesen): *Glück*. Als Resultat für eine schlechte Entscheidung erhältst Du: *Unglück*. Dieses System wirkt seit Millionen Jahren, jede Zelle in Dir kennt es.

Wenn Du nun denkst oder sagst: *Ich bin nicht gut genug dafür*, redest Du Deinem Verstand ein, das hilflose Opfer in einer ausweglosen Situation zu sein. Dein Verstand reagiert auf Dein Verbot, eine gute Lösung zu ersinnen, mit Gedankenschleifen, Rast- und Schlaflosigkeit, Wut, Selbstvorwürfen bis hin zu Depressionen. *Warum darf ich denn keine gute Lösung finden und umsetzen?* Deine Einwände enttäuschen Deinen Verstand so sehr, dass er – wie von der Natur für schlechte Entscheidungen vorgesehen – mit *Unglück* reagiert.

Selbstbewusstsein (Ich-Gefühl)

Selbstbewusstsein ist die Art, wie man über sich selbst denkt. Alleine die in Deinem Kopf ablaufende Wortabfolge *Ich bin nicht gut genug* erzeugt bereits Gefühle von Unglück und weitere Gedanken von Minderwert. Die Menge an schlechten Gedanken in Deinem Ich steigt an. Weil Dich jede Art von Bewältigung negativer Gedanken Kraft kostet, bist Du am Ende ermattet und hast zu wenig Energie, um etwas Gutes zu bewegen.

Herzmagnet (Ausstrahlung)

Wenn Dein Herzmagnet offen oder versteckt die Botschaft »Ich bin nicht gut genug« ausstrahlt, werden Menschen in Deiner Umgebung diese Botschaft empfangen. Sie werden Deine Ausstrahlung fühlen. Als Folge erlebst Du zwei Arten von Reaktionen.

Die einen Menschen möchten vermeiden, dass diese »hoffnungslose Ausstrahlung« auf sie überspringt. Sie möchten Dich nicht so leiden sehen, weil sie dann selbst mitleiden. Darum sprechen sie Dir ständig aufmunternd zu, in der Hoffnung, Du mögest endlich Klarheit und Mut aufbringen, um gute Entscheidungen für Dich selbst zu treffen: »Versuche doch endlich mal ...«

Die anderen Menschen sind vielleicht weniger wohlgesonnen und werden Dir Deinen Zustand bestätigen: »Hab ich doch schon immer gewusst, Du bist eben ...« Dein Partnerschaftsmagnet würde somit Menschen anziehen, die Dich im Verlauf der Beziehung zunehmend unter Druck setzen und Dir immer weniger Wahl lassen.

STECKE ICH IM VIERTEN IRRTUM ÜBER SELBSTLIEBE?

☐ Denke ich oft, dass ich in einer Situation bin, aus der es keinen umsetzbaren Ausweg gibt?

☐ Bewundere ich tatkräftige und erfolgreiche Menschen und fühle mich selbst eher minderwertig?

☐ Glaube ich kritisierenden Aussagen anderer über mich?

☐ Misstraue ich lobenden Aussagen anderer über mich?

☐ Denke ich manchmal über Alternativen nach, breche aber gleich wieder ab, weil ich keine sehe?

☐ Denke ich, dass ich meine gefühlte Situation nur verbessern könnte, wenn ich »ganz viel« an mir selbst verbessere?

☐ Habe ich insgeheim Argumente gesammelt, um nichts verändern zu müssen?

☐ Erkläre ich manchmal anderen oder mir, dass ich etwas oder jemanden leider einfach ertragen muss?

☐ Beschwichtige ich mich selbst gerne mit Gedanken wie: *Es könnte ja noch viel schlechter sein!* ?

»Gut genug« ist Deine Entscheidung.

Ein liebenswerter und wertvoller
Mensch zu sein ist kein Urteil anderer.
Es ist eine Entscheidung von Dir.
Wenn Du das erkannt hast,
ist die Liebe wieder bei Dir.

Das Urteil anderer Menschen hängt vollkommen von deren persönlicher Befindlichkeit ab. Für Dich bedeutet dies, dass auf *fremde Gedanken* über Dich und Deine Werte *kein Verlass* ist.

In Deinen eigenen Gedanken hingegen kannst Du verlässlich werden. Entscheide Dich und sei oder werde ein Mensch, der »liebenswert und gut« ist. Und dann handele einfach danach. Das ist alles, was es braucht.

Wenn Du gerade nicht weißt, wie man ein liebenswerter Mensch ist, sei »liebenswürdig«.

Falls Du unsicher bist, was das genau bedeutet, sei einfach nur aufmerksam, achtsam, freundlich, ehrenwert und ehrlich, mit Dir selbst und anderen.

Alleine schon wenn Du das anstrebst, bist Du in der Gruppe liebenswerter Menschen angekommen

Ganz selbstverständlich liebenswert sein

DARUM BIN ICH KEIN PROBLEM, SONDERN EINE BEREICHERUNG

Liebenswert bist Du, sobald Du das ganz leicht und selbstverständlich über Dich denken kannst. Dies wiederum geschieht, wenn Du praktisch geübt hast, solche Gedanken zu formulieren und auszusprechen. Sieh dafür als Erstes nach, was Du schon Gutes in Dir hast.

Das Rad der »liebenswerten Eigenschaften«

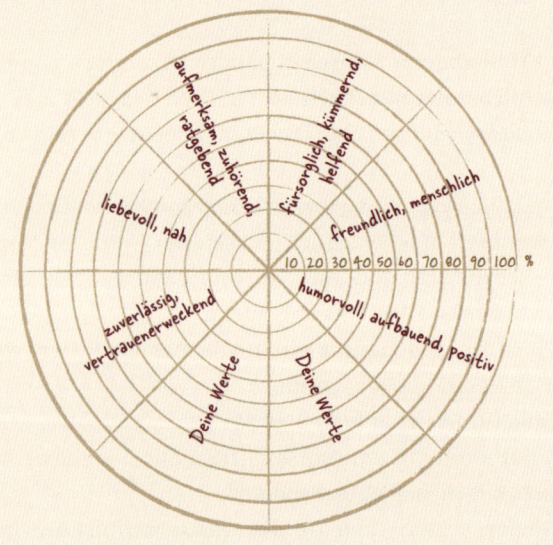

Fülle im Rad der liebenswerten Eigenschaften intuitiv aus, von welchen Du wieviel hast, *sofern man sie Dich auch ins Leben bringen lässt.*
Dieses Rad ist Deine wahre Natur. Das bist Du. Sieh es gerne an und sage: *Ja, das stimmt!* dazu.

Zähle einer (fiktiven) anderen Person 5 Punkte auf, in denen Du gut bist.

Hierin bin ich gut:

1 _____

2 _____

3 _____

4 _____

5 _____

Vorher/Nachher-Vergleich

Überprüfe nun in aller Ruhe und mit offenem Herzen nochmal den Gedanken vom Anfang: *Ich bin nicht gut genug.*

Stimmt er noch immer?

Was ist Dein neuer, besserer Gedanke über Dich und Dein Leben?

_____

_____

_____

> *Erkenne, dass Du unablässig große*
> *und kleine Dinge tust, die sowohl*
> *funktionieren als auch erfolgreich sind.*
> *Das alles machst Du völlig alleine.*
> *Wozu braucht es dann noch den Gedanken,*
> *Du wärest nicht gut genug?*

Gut zu merken:

#1
Rückschläge machen schlechte Gefühle!

✔

Das ist normal!

#2
Schlechte Gefühle sagen mir: Du bist nicht gut

Das mag ich nicht!

#3
Ich fühle mich sicherer, wenn ich nichts mache.

Deshalb habe ich keine Wahl!!

#4
Wenn ich aber nichts mache, geht es mir trotzdem schlecht.

Hier stimmt was nicht

Dem Gedanken zu glauben, Du wärest für irgendetwas nicht gut genug, führt Dich in einen endlosen Kreislauf des Scheiterns. Vertraust Du stattdessen dem Gedanken, dass Scheitern nie ein Problem ist, führt Dich das zu Dankbarkeit und Liebe für die Angebote des Lebens. Du musst nicht »gut genug« sein. Du musst nur zum Naturgesetz möglicher Rückschläge von Anfang an *Ja* sagen. Das gilt auch für den nächsten Punkt …

DER FÜNFTE SELBSTLIEBE-IRRTUM

»ICH MUSS MEINEN KÖRPER LIEBEN LERNEN.«

Es gibt keinen Zusammenhang zwischen Körper und Selbstliebe, solange Du ihn nicht herstellst.

Noah sagte: »Entschuldigung, das war mein Vater. Wie immer, wenn man über ihn spricht, meldet er sich plötzlich. Ist schon seltsam. Wo waren wir stehen geblieben …?«

»Dass Ihr Vater kein guter Mensch ist.«

»Ach ja, genau. Wegen ihm glaubte ich lange, dass ich für andere und mich selbst ein Problem wäre. Ich konnte kaum anders, als schlecht von mir zu denken.«

»Wie ich!«, sagte Jona.

Er nickte. »Bis ich eines Tages eben diesen Satz las: *Löse nicht das Problem. Löse Dich von dem, was das Problem erschafft.* In meinem Fall waren das zwei Dinge. Erstens mein Vater, der mir das Gefühl gab, ich wäre nie gut genug. Und zweitens meine eigenen Gedanken, die dasselbe über mich dachten.«

»Bei mir erschafft mein Körper das Problem«, sagte Jona. »Aber von dem kann ich mich nicht lösen.«

Noah schüttelte den Kopf. »Ihr Körper ist nicht das wahre Problem, sondern das, was Sie über ihn denken. Geben Sie die Ablehnungen auf, und Ihr Körper ist kein Problem mehr. Vielleicht ist er dann Ihr Freund, den Sie einfach nur gesund halten möchten.«

Er legte eine Hand auf das Verandageländer, als wäre es die Schulter eines alten Bekannten.

»Sehen Sie mein Café an. Es war mal neu und schön, aber das hier ist ein hartes Land, und nichts bleibt lange so, wie man es macht. Nun ist es alt, und an vielen Ecken blättert die Farbe schneller ab, als ich hinterherkomme. Dennoch liebe ich es, schon immer und jeden einzelnen Tag meines Lebens. Nicht der Zustand meines Cafés ist das Problem, sondern was ich über den Zustand denke.«

»Ich verstehe, was Sie meinen«, sagte Jona. »Aber es kann doch nicht stimmen, dass all die Abermillionen Menschen jeden Tag unablässig ihre Probleme selbst im Kopf erschaffen?«

»Vielleicht nicht alle, aber sehr viele ganz sicher.«

Jona schüttelte den Kopf.

»Warum kämpfen Sie so sehr darum, dass es nicht einfach sein kann?«, fragte Noah.

»Es gibt Dinge, die kann man sich nicht schönreden«, sagte Jona.

»Das ist aber auch kein Grund, sie sich schlechtzureden«, sagte er. »Was plagt Sie denn so sehr?«

»Nun, wie Sie sehen, bin ich nicht gerade ein Fotomodell«, sagte Jona. »Ich komme von meinem Gewicht kaum herunter, ich bin nicht sportlich, und auch sonst dreht sich kaum jemand nach mir um.«

»Ich schon«, sagte Noah.

»Ja, aber vielleicht nur, weil ich Ihr Gast bin.« Sie erschrak beim Klang ihrer eigenen Worte. »Entschuldigung«, schob sie schnell hinterher.

»Kein Problem«, sagte er. »Sie wissen ja ...«

»Ja, ich weiß. Fremde Urteile sind unerheblich, Erfahrungsberichte sind wertvoll.«

»Kann mich nicht erinnern, das so gesagt zu haben, aber es klingt gut«, sagte er.

Jona war verblüfft, dass er trotz ihrer Bemerkung, er wäre nur freundlich, weil sie ein Gast war, nicht beleidigt wirkte.

»Was in aller Welt bringt Sie auf die Idee, Sie wären nicht schön?«, fragte Noah.

»Mein Ex-Mann zum Beispiel«, sagte Jona. »Es war wirklich krass. An einem Abend ging es wieder einmal um irgendetwas mit Haushalt und Geld, keine Ahnung. Eine von den vielen Streitereien. Und plötzlich sagt er zu mir, ich solle mich doch mal im Spiegel ansehen und mir überlegen, warum mich keiner genommen hat außer ihm. Und dass ich froh sein könnte, bei ihm zu sein, sonst würde ich alleine auf der Straße sitzen.«

Noah sah sie mit unbewegter Miene an.

»Das ist doch schrecklich«, sagte sie. »Überrascht Sie das gar nicht?«

»Seit fünfunddreißig Jahren kommen Menschen aus vielen Ländern hierher«, sagte Noah. »Die eine Hälfte auf der Suche nach Opalen, Geld und Glück. Diese Leute haben den Boden unter uns im Umkreis von hundert Kilometern durchlöchert wie einen Schweizer Käse.

Die andere Hälfte kommt auf der Suche danach, wer sie sind und warum sie hier sind. Viele haben zuvor etwas Schmerzhaftes erlebt, das sie zu dieser Frage trieb. Ja, Ihr Bericht ist schlimm, aber nein, er überrascht mich nicht. Nicht mehr.«

»Dann haben Sie das also schon gehört?«

Er nickte. »Sehr oft. Als gäbe es irgendwo eine Anleitung mit Sprüchen, wie Menschen das Aussehen anderer Menschen bewerten müssen, um sie zu erniedrigen.«

»Das klingt so schrecklich«, sagte sie.

Noah zog kurz die Schultern hoch und nickte.

»Ja. Leider leben wir nicht in einer idealen Welt. Dennoch gibt es etwas Gutes neben dem Schrecklichen. Jene Menschen, die uns viel Leid zufügen, bewirken auch, dass wir eines Tages aufwachen und erkennen, wer wir sind. Ohne sie hätten wir vielleicht nie zu dieser Stärke gefunden.«

»Das ist wahr«, sagte Jona.

»Die uns ablehnen sprechen oft nur aus, was wir selbst zu überwinden haben. Sie legen ihren Finger auf eine Schwäche, bis wir genau dort zu unserer Stärke finden.«

»Dennoch kann ich meinen Körper nicht so lieben, wie ich es sollte«, sagte Jona.

Noah sah sie ungerührt an.

»Sie könnten jetzt mal etwas Nettes sagen«, sagte sie, halb im Spaß, halb im Ernst

»Ich finde, Sie sind ein wundervoller Mensch und eine sehr schöne Frau«, sagte Noah.

»Ach das sagen Sie jetzt nur, weil ich es hören will«, sagte Jona.

»Sehen Sie, dass es egal ist, was ich sage, weil Sie daraus machen, was Sie denken?«, sagte er.

»Oh, Mist!«, entfuhr es Jona.

»Denken Sie anders«, sagte Noah.

»Würde ich ja gerne, aber wie?«

»Zwingen Sie sich nicht, etwas Gutes zu denken, wo es nicht Ihre Wahrheit ist. Beenden Sie lieber, etwas Schlechtes über sich zu denken. Dann wird es still. Es gibt diesen neutralen dritten Zustand zwischen schwarz und weiß, der uns oft erlöst.«

»Genau das gelingt mir eben nicht«, sagte Jona. »Sobald ich nicht aufpasse, denke ich wieder negativ.«

»Zum Beispiel?«

»Dass ich zu dick bin. Ich kann das nicht gut finden.«

»Was wäre, wenn Sie es gar nicht finden müssten?«

»Was meinen Sie damit?«

»Niemand sagt, dass Sie Ihren Köper lieben müssen. Das ist alleine Ihre Idee. Ändern Sie sie.«

»Aber wie?«, fragte Jona.

»Sie könnten in Erwägung ziehen, dass es nichts weiter zu tun gibt, außer die Ablehnung zu beenden. Sie müssen nichts gut finden. Geben Sie nur den Kampf auf.«

Jona starrte ihn an.

»Und wenn der Kampf wieder zurückkommt?«

»Dann geben Sie ihn wieder auf. Jedes Mal.«

DIE FÜNFTE ERKENNTNIS VON JONA SAM

Ich muss nicht in meinen Körper verliebt sein. Ich muss nur damit aufhören, ihn abzulehnen.

Deine Befreiung von einer Last

In diesem Kapitel klären wir drei weitere wichtige Dinge:

1. Welchen Einfluss hat Dein Körper auf Deinen Lebensweg?
2. Wie kannst Du Dich von negativen Gefühlen Deinem Körper oder Aussehen gegenüber befreien?
3. Wie kannst Du eine gute Haltung Deinem Körper oder Aussehen gegenüber erreichen?

Dein Körper hat deshalb einen so erheblichen Einfluss auf Dein Selbstwertgefühl, weil alleine schon seine Beschaffenheit in Dir Gefühle erzeugt. Zusätzlich löst er Reaktionen bei anderen aus, die in Dir als Folge noch mehr Gefühle produzieren.

Daraus könnte die Idee entstehen, man müsste seinen Körper – oder die Liebe zu ihm – unbedingt so optimieren, dass die Außenreaktionen und die eigenen Gefühle gut werden.

Solltest Du so ähnlich denken, dann wäre Deine Selbstliebe insgesamt bedroht. Hier ein erster neuer Gedanke, vielleicht gefällt er Dir:

Du »bist« gar nicht dieser Körper.
Du »bewohnst« Deinen Körper nur für eine Weile,
damit Du am Leben teilnehmen kannst.

1. Welchen Einfluss hat Dein Körper auf Deinen Lebensweg?

Wenn Dein Körper nicht so ist, wie Du ihn gut findest, kann Deine Ablehnung folgende Formen annehmen. Wie ist es bei Dir?

☐ *Ich verurteile mich selbst, weil es mir nicht gelingt, meinen Körper zu verbessern oder ihn zu akzeptieren.*

☐ *Ich habe Probleme mit meinem Körper, weil er sich einfach nicht so verändert, wie ich es möchte.*

☐ *Ich verurteile alle, die so sehr auf Körper blicken und Urteile dazu haben.*

☐ *Mich macht das ganze Thema so traurig, dass ich mich nicht gerne unter andere begebe.*

☐ *Alles zusammen.*

Jede Ablehnung bindet viel Kraft, die Du besser für eine positive Lebensgestaltung verwenden könntest.

2. Wie befreist Du Dich von negativen Gefühlen Deinem Körper gegenüber?

Es fällt leichter, etwas »okay« zu finden, das man versteht, als etwas, das man nicht versteht. So ist es auch mit Deinem Körper. Wenn Du verstehst, *warum er so ist, wie er ist*, kann ein Teil in Dir sagen: *Ach so, es gibt ja gar keine Schuld.* Damit bist Du noch nicht sofort im Plus, aber Du bist schon einmal in neutralem Gebiet und raus aus der Selbstablehnung

3. Wie kannst Du eine gute Haltung Deinem Körper gegenüber erreichen?

1. Als Erstes geht es darum, Ablehnung und Schuldgedanken aufzugeben.
2. Als Nächstes geht es darum, eine Grundhaltung zu finden, die für Dich funktioniert und Dich stabil macht.
3. Wenn Du magst, kannst Du als Sahnehäubchen ein paar Gründe für Dankbarkeit finden, für das, was jetzt gerade da ist.

Das ist die korrekte Reihenfolge, denn falls Du mit 3. anfängst, während 1. voll aktiv ist, kannst Du keinen Erfolg haben.

Lass uns als Erstes eine kleine Bestandsaufnahme machen und dann nachsehen, welche verborgenen Gründe es für Deine Körperwahrnehmung geben kann, die absolut nichts mit Dir oder einer Schuld zu tun haben.

Die nachfolgende Übersicht zeigt, was man so alles über seinen Körper denken kann und ab wann man eine positive Sicht hat.

Was man so alles über seinen Körper denken kann ...

Wo findest Du Dich am ehesten wieder?

☐ 1 Den eigenen Körper aktiv ablehnen (hassen)

☐ 2 Den eigenen Körper passiv ablehnen (unschön finden)

☐ 3 Den eigenen Körper fehlerbehaftet finden.

☐ 4 Den eigenen Körper absichtlich ignorieren.

☐ 5 Den eigenen Körper kaum wahrnehmen.

☐ 6 Den eigenen Körper okay finden.

☐ 7 Den eigenen Körper als Gefährt durchs Leben ansehen.

☐ 8 Den eigenen Körper als Geschenk ansehen.

☐ 9 Den eigenen Körper lieben.

☐ 10 Den eigenen Körper vergöttern.

1–4 bereitet Probleme, weil es viel Kraft kostet, eine Ablehnung gegenüber sich selbst aktiv am Leben zu erhalten. Als müsste man ein immergleiches Selbstgespräch zu einem völlig ausdiskutierten Thema unablässig weiterführen.

10 kann ebenfalls ein Problem werden, weil es die Aufmerksamkeit übermäßig bindet und manchmal sogar viel Zeit und Aufwand in die Vergötterung investiert werden muss. Zudem erzeugt es schlechte Gefühle und Stress, wenn der Körper mal vom scheinbaren Ideal nach unten abweicht.

Wenn man es sich in Ruhe ansieht, kostet die »neutrale Zone« zwischen 6 und 8 oder 9 am wenigsten Aufmerksamkeit und achtet den Körper dennoch ausreichend. Kannst Du Dich dort einordnen? Falls ja, notiere kurz, wie Du es begründest.

Ich kann mich mit Ansicht(en) # _____ gut anfreunden, weil:

_____

_____

_____

Nun weißt Du, wo sich die innere Einstellung zu Deinem Körper ungefähr aufhält. Vielleicht ist es ja schon gut so. Vielleicht aber hättest Du gerne noch ein paar gute Gründe und Erkenntnisse, die Dir helfen, eine mögliche Ablehnung leichter aufzugeben.

Sehen wir uns als nächstes an, warum etwas – vielleicht aus bisher übersehenen Gründen – so ist, wie es ist.

Vergeben: Warum Dein Körper so ist, wie er ist

Zu viel, zu wenig, zu groß, zu klein, zu dick, zu dünn, zu alt, zu bleich ... Deinen Körper in einen Wunschzustand zu bekommen, kann sehr viel Arbeit sein. Und falls es nicht so gut klappt, kann es Schuldgefühle auslösen. Inzwischen weißt Du: Wenn *Schuld verschwindet*, entsteht automatisch *Annahme*. Und Schuld verschwindet durch *Verstehen* und *Vergeben*.

Um Deinem Körper zu vergeben, dass er im Moment so ist, hilft Deine Erkenntnis, dass gar niemand – auch nicht Du – Schuld hat. Es gibt so viele Gründe, mit denen Du gar nichts zu tun hast. Hier sind ein paar davon ...

1. Genetik. *Ich wollte nie so werden wie ...*
Das Programm in Deinen Zellen hat zu jeder Altersphase Deines Lebens einen ziemlich genauen Bauplan für Aussehen und Gewicht eingespeichert. Diese biologische Urkraft kannst Du auf manchen Gebieten gar nicht und in anderen Gebieten spürbar beeinflussen. Ein Beispiel: Der *Genetik-Plan* Deines Körpers braucht ganz bestimmte *Nahrungsmittel-Zutaten*, um Deinen Körper so zu bauen *wie bei Deinen Vorfahren*. Isst und lebst Du also ähnlich wie Deine Eltern und Großeltern, kann der Plan wie vorgesehen ablaufen. Isst und lebst Du deutlich anders wird der Plan auch in veränderte Ergebnisse münden. Vieles vom genetischen Körperbauplan wird Dir aber dennoch weiterhin aus dem Spiegel entgegenblicken.

Für Dein Wohlbefinden ist es einfach gut, Dich mit dem *unveränderbaren* Teil zu versöhnen, als ihn jeden Tag zu verurteilen. Dein Körper kann nichts für die Grundgenetik in seinen Zellen. Vergib ihm, sofern Dir etwas davon nicht gefällt.

2. Prägung. *Du siehst ja aus wie ...*
Zum großen Teil fühlst Du gegenüber Deinem Körper genau das, was man Dich ganz früh im Leben fühlen ließ. »Kleine Prinzessinnen« haben dieses positive Gefühl oft ihr Leben lang, ganz gleich, ob das jemand nachvollziehen kann oder nicht. »Hässliche Entlein« ebenfalls, obwohl niemand von alleine auf diese Idee käme. Die Prägung der Sichtweise auf Dich selbst ist in Deinem Kopf, und *Du kannst nichts dafür.* Es sind alte Sprüche, die jemand anderes in Deinen Kopf gepflanzt hat. Eines jedoch kannst Du mit dem Wissen um Prägungen ziemlich sicher sagen: Deine negativen Gedanken über Dich sind fremder Herkunft, und weder Du noch Dein Körper tragen Schuld.

3. Lebensereignisse. *Ich hatte eine ... Zeit*
Kennst Du Menschen, die ein schweres Leben hatten, Verluste oder Schicksalsschläge verarbeiten mussten? In vielen Fällen sieht man ihnen etwas davon an. Das Schicksal spiegelt sich im Körper eines Menschen. Wenn Du viel Leid erlebt hast, darfst Du gnädig mit Deinem Körper sein. Er ist nicht die Ursache für Dein Leid, er bildet es nur ab. Er kann nichts dafür. Wenn es Dir innerlich wieder besser geht, wird er auch positiv darauf reagieren.

4. Krankheit. *Ich wusste gar nicht, dass ich xy habe ...*
Eine offene oder verborgene Krankheit oder Störung ist für den Organismus eine Belastung und erzeugt Ungleichge-

wicht. Viele Vorgänge, wie zum Beispiel der Stoffwechsel, können aus dem Ruder laufen. Manche davon verändern das Aussehen des Körpers, ohne dass Du es darauf zurückführen würdest. Dein Körper kann nichts dafür, Du kannst nichts dafür, nur die Umstände verursachen es. Es gibt keine Schuld zu verteilen, dafür aber eine Ursache zu erforschen.

Ein Beispiel: Viele Menschen kämpfen ihr Leben lang mit schlechtem Gewissen gegen ihr Gewicht, nicht ahnend, dass sie ein Schilddrüsenproblem hatte, auf das sie nie getestet wurde. Keine Art von Disziplin oder Ernährung kann etwas verbessern, wenn Disziplin oder Ernährung gar nicht die Ursache sind.

Dein Körper ist also kein Fehler, es gibt nichts zu verurteilen, und niemand macht etwas falsch. Es gibt Ursachen, die Du finden und in Ordnung bringen kannst. Und es gibt Ursachen, die Du verstehen und annehmen kannst. Aber es gibt keinen Grund, Dich selbst abzulehnen.

Die Auswirkungen des fünften Irrtums

Verstand (Gedanken-Gefühls-Kaskade)

Wenn Du glaubst, Deinen Körper *lieben zu müssen,* es Dir aber nicht gelingt, erschaffst Du einen »inneren Konflikt«. Dein Verstand sucht nach der Lösung, wie es funktioniert, etwas zu lieben, was man nicht liebt. Diese Zusatzbelastung sorgt dafür, dass negative Gefühle und Deine Selbstablehnung weiter ansteigen.

Selbstbewusstsein (Ich-Gefühl)

Wenn Dein Körper Dich durch Dein Leben trägt und Du denkst ständig, *Ich habe einen mangelhaften Körper*, erschaffst Du selbst das Bewusstsein, ein Mangel auf Beinen zu sein.

Herzmagnet (Ausstrahlung)

Wenn Du ständig denkst: *so ein mangelhafter Körper*, bewirkt das zwei Dinge: (1) Deine Aufmerksamkeit fokussiert sich immer mehr auf »das Körperproblem«. (2) Die Ablehnungsgefühle in Dir selbst werden immer stärker und stabiler. Beides strahlt Dein Herzmagnet nach außen. Andere werden intuitiv auf Dein »Problem« starren und dazu Deine Gedanken in sich selbst klingen hören. Sie denken und tun dann, was Du denkst und tust. Du ziehst dann »Körperablehner« oder Mitleidige an.

FreeYourSelf Secret #5
»Gut« ist wichtiger als »ideal«.

Gewicht, Figur, Geschick, Attraktivität ...
Etwas äußerlich Ideales wirkt begehrenswert,
aber es erzeugt auch Stress.
Wenn Dein Ideal die »Achtsamkeit
für den Körper« ist, lebt es sich viel besser.
Denn Achtsamkeit ist Liebe.

Dein Körper ist nicht mangelhaft. Er ist ein Gefährte für Deinen Weg. Einen guten Freund beurteilst Du auch nicht nach seinen Mängeln, sondern nach der Bereicherung für Dein Leben. Wenn Du magst, notiere Dir 5 Gründe, warum es wertvoll ist, Deinen Körper in diesem Zustand zu haben. Falls Dir das schwerfällt, stelle Dir als Erstes vor, *was alles wirklich schlimm sein könnte* und wo es ein Glück ist, dass Du es nicht hast.

Folgendes ist ein Glück für mein Leben:

1 _____

2 _____

3 _____

4 _____

5 _____

Noch ein Lösungsweg
zum fünften Irrtum

Beende als Erstes die Leistungsanforderungen an Dich und Deinen Körper. Mit Leistungen kannst Du Dich später beschäftigen. Jetzt geht es darum, den Irrtum zu erkennen, dass Selbstliebe angeblich erst kommen könnte, wenn man seinen Körper liebt.

Erinnere Dich, dass unser Verstand »binär«, also vorwiegend in zwei Möglichkeiten denkt. Er sieht meistens nur *ganz oder gar nicht, schwarz oder weiß, lieben oder hassen.* Doch so ist das Leben nicht.

Möglichkeit Nummer drei lautet: *weder noch.* Du musst Deinen Körper gar nicht lieben. Höre einfach nur damit auf, ihn abzulehnen. Du musst ja auch Deinen Nachbarn oder Kollegen nicht lieben und kannst dennoch ein gutes Leben mit ihm haben. Warum sollte also *den Körper lieben* plötzlich eine Voraussetzung für ein gutes Leben sein?

Vielleicht möchtest Du kurz notieren, welche Einstellung – abgesehen von lieben oder toll finden – Du auch haben könntest:

Ich kann meinen Körper auch so sehen:

Erkläre einem (fiktiven) Anderen, warum Dein Körper
okay ist und was Du im Leben damit Tolles vorhast.

1 _____

2 _____

3 _____

4 _____

5 _____

Vorher/Nachher-Vergleich

Überprüfe in aller Ruhe und mit offenem Herzen nochmal
den Gedanken vom Anfang: *Zuerst muss ich meinen Körper
lieben lernen.*

Stimmt er noch immer?

Was ist Dein neuer, besserer Gedanke über Dich und Dein
Leben?

_____

_____

> *Falls Du nichts Gutes über Deinen Körper denken kannst, weil Du meinst, das wäre nicht wahr, dann sage Dir, dass das Schlechte ebenfalls nicht wahr ist.*

Gut zu merken:

#1

Man sollte seinen Körper nicht ablehnen!

✓

Das stimmt!

#2

Man sollte seinen Körper lieben.

Das gelingt mir nicht!

#3

Ohne Körperliebe keine Selbstliebe?

Darum fühle ich diesen Druck!

#4

Was wäre, wenn Dankbarkeit genügt?

♥

Dankbarkeit ist gut!

Dich zu etwas zwingen zu wollen, was einfach nicht geht, verhindert Selbstannahme und Selbstwert. Herauszufinden, wo Du gut zustimmen kannst, bringt Dich wieder zu Dir selbst. Die kleinen guten Schritte erschaffen Deinen Weg.

DER SECHSTE
SELBSTLIEBE-IRRTUM

»ICH SCHAFFE DAS NICHT.«

*Jedes Ziel, das Du erreichst,
ist etwas, das Du geschafft hast.
Was genau für Dich ein Ziel ist,
bestimmst Du selbst.
Befreie Dich von fremden Zielen,
und Deine Seele wird glücklich.*

Jona dankte Noah: »Alles, was Sie bisher gesagt haben, hat mir sehr geholfen.«

»Wie schön«, sagte er.

»Nur befürchte ich, dass ich diese Erkenntnisse nicht lange behalten werde.«

»Warum nicht?«

»Ich weiß nicht. Es ist so ein Gefühl. Ich habe einfach zu oft erlebt, dass ich etwas gehört oder gelesen habe und es mir in diesem Moment auch völlig klar war, und kurz darauf war alles wieder weg. Ich schaffe es nicht, alles zu behalten und umzusetzen.«

Er runzelte die Stirn.

»Was, glauben Sie, ist das Problem?«

»Vielleicht bin ich zu dumm oder keine Ahnung, was«, sagte Jona. »Sie haben über dreißig Jahre lang in diesem Café die Erzählungen so vieler Menschen gehört. Sie können es gar nicht mehr vergessen.«

»Was denn vergessen?«, fragte er.

»All die Geschichten. All die Lösungen. Eben wie das Leben geht.«

»Das ist wahr«, sagte er. »Das Leben kommt jeden Tag zu mir und bestellt kaltes Bier und heißen Kaffee.«

Sie lachte und er ebenfalls. Wieder fragte sie sich, wie alt er sein mochte. Gerade wirkte er wieder wie Mitte vierzig, doch sie wusste, dass es nicht stimmte.

»Sie irritieren mich«, sagte Jona.

»Das will ich hoffen«, sagte er. »Ich habe keine Zeit zu verlieren, denn Sie werden bald wieder aufbrechen.«

»Ja, ich fahre morgen früh«, sagte sie. »Wie also kann ich es nach so wichtigen Erkenntnissen schaffen, diese auch umzusetzen?«

»Versuchen Sie erst gar nicht, sich alles auf einmal zu merken«, sagte er. »Was Sie gehört haben, diente nur dazu, Sie daran zu erinnern, wer Sie wirklich sind. Jetzt gerade ist der Moment, in dem Sie vollkommen da sind, in all Ihrer Klarheit und Schönheit und Kraft. Merken Sie sich diesen Moment und das Gefühl dazu. So sind Sie! Der Rest wird von selbst stattfinden.«

»Es klingt so einfach«, sagte Jona. »Warum sollte das genügen?«

»Weil alle Menschen und alle Umstände, die Sie aus der Bahn bringen wollen, nur auf eines setzen: Dass Sie das Gefühl vergessen, wer und was Sie in Wahrheit sind.«

»Dann weiß ich jetzt, was ich bin«, sagte Jona.

Er lächelte und sah nun wieder aus, wie ein alter weiser Mann in einem etwas jüngeren Körper.

»Frei«, sagte Jona. »Ich glaube, ich weiß es jetzt. Ich bin frei, gut und bereit für mein neues Leben. Endlich!«

Ich muss mir nichts Neues hinzufügen.
Es genügt, wenn ich mich erinnere,
was ich schon habe und wer ich bin.

Die »Auferstehung« Deines wahren Selbst

In diesem Kapitel untersuchen wir die folgenden drei Fragen:

1. Was bedeutet »persönliche Auferstehung«, und wie geht sie vor sich?
2. Was versucht Dich davon abzuhalten und warum?
3. Wie gestaltest Du einen »Reset« ganz bewusst und nachhaltig?

Das Leben jedes Menschen besteht aus Aufs und Abs. In einem Auf fliegst Du und machst Dir kaum Gedanken darüber, diesen Zustand zu beseitigen. In einem Ab hingegen liegst Du innerlich am Boden, und es fordert all Deine Aufmerksamkeit, Gedanken und Gefühle. Darum entscheidet Dein Umgang mit Ablehnungen, Rückschlägen oder scheinbaren Misserfolgen darüber, wie Du Dich selbst und Dein Leben wahrnehmen wirst.

1. Was bedeutet »persönliche Auferstehung« und wie geht sie vor sich?

Wenn sich jemand, der schon (fast) als besiegt oder tot galt, daran erinnert, wer er ist, wenn er all seine Kräfte sammelt und sich wieder auf seinen Weg macht, nennt man das in Romanen und Filmen die *Auferstehung des Helden*. Du bist der Held Deines Lebens. Natürlich wirst Du auch Rückschläge erleben. Wie gehst Du bisher damit um?

Wenn mich deutliche Rückschläge erwischen, bewirkt das bei mir Folgendes:

---

2. Was hält Dich davon ab, schnell wieder hoch zu kommen und warum?

Wenn es Dir *körperlich* nicht gut geht, ist Liegenbleiben und Kräfte sammeln eine gute Strategie der Natur. Wenn es Dir hingegen *innerlich* nicht gut geht, ist genau diese Strategie meistens falsch. Denn negative Gefühle und Gedanken verstärken sich von selbst, wenn man ihnen Raum dazu gibt.

Folgendes in mir oder meinem Leben nimmt mir in schlechten Zeiten erst recht den Mut:

---

3. Wie gestaltest Du einen »Reset« ganz bewusst und nachhaltig?

Rückschläge sind feste Bestandteile des Lebens. Der Umgang mit ihnen hingegen ist eine gelernte und jederzeit *neu erlernbare* Fähigkeit.

In schwierigen Zeiten dennoch Selbstwert zu leben gelingt Dir, wenn Du auf einen Teil in Dir »zugreifen« kannst, den auch widrige Umstände nicht dauerhaft unterdrücken, kleinmachen oder vernichten können. Dieser dauerhaft stabile Teil besteht aus Deinem Wissen oder Glauben daran, warum Du hier bist.

Ich glaube fest dran, dass ich hier bin, um/weil ...

_____

_____

Menschen mit stabilem Selbstwert glauben auch in Krisen daran, dass sie letztlich von »guten Kräften unterstützt« werden. Menschen mit weniger Selbstwert denken in Krisen häufig, dass sie »von allen guten Geistern verlassen« wurden. An welche Unterstützungskräfte glaubst Du?

Ich glaube dran, dass mich folgende Kräfte immer begleiten und unterstützen:

_____

_____

Der Glaube an Dich selbst und Deine Unterstützungskräfte werden vom Leben, von Menschen und auch von Dir selbst immer wieder geprüft, angegriffen oder infrage gestellt werden. Umso besser, wenn Du jetzt schon beschließt, was Du dann machst.

Wenn mich ein Gedanke, ein Gefühl oder ein Mensch von einer positiven Lebenseinstellung abhalten will, mache ich (künftig) Folgendes:

1 _____

2 _____

3 _____

4 _____

5 _____

 Gib dem kleinsten Samenkorn von Zweifel keinen Raum.

Die Auswirkungen des sechsten Irrtums

Verstand (Gedanken-Gefühls-Kaskade)

Gibst Du Deinem Verstand eine Suchaufgabe vor, so wird er den Auftrag annehmen und passende Belege sammeln, weil das seine natürliche Aufgabe ist. Gibst Du ihm zum Beispiel die Sichtweise *Ich schaffe das nicht* als Vorlage, so wird er auch hierfür nach Beweisen suchen. Irgendwann glaubst Du, das würde tatsächlich stimmen, obwohl es nur ein Gedanke war. So entsteht ein irrtümliches Selbstbild.

Selbstbewusstsein (Ich-Gefühl)

Ich bin, was ich von mir denke. Zu einem großen Teil stimmt dieser alte philosophische Satz. Wenn Du also denkst: *Ich schaffe das sowieso nicht*, steigst Du in die Uniform einer Persönlichkeit, die von dieser Selbstablehnung ganz und gar durchdrungen ist.

Herzmagnet (Ausstrahlung)

Ich schaffe das nicht zieht oft sogenannte »Retter« an. *Kein Problem, ich helfe Dir.* Das gibt Dir einen Moment lang Hoffnung und Selbstwert. *Ich bin wertvoll, denn er/sie hilft mir.* Später könntest Du feststellen, dass hinter dem Retter ein »sich selbst erhöhender Unterdrücker« lebt. *Du schaffst das sowieso nicht, nur ich schaffe das.* Und schon wird Dein Selbstwert wieder in den Keller gedrückt.

»Nicht wert, geliebt zu werden?« – So denken nur die Guten …

Der Unterschied zwischen einem guten Menschen und einem schlechten Menschen ist, dass es dem schlechten Menschen nichts ausmacht, schlecht zu denken, zu fühlen und zu handeln, dem Guten hingehen schon. So gesehen haben es die Schlechten viel einfacher. Falls Du Dich also manchmal für schlechte Gedanken und Gefühle verurteilst, beweist das, dass Du einer von den guten Menschen bist.

Wenn Du magst, nimm jetzt als Erstes Deine wahre Identität an und setze einen Haken dahinter:

Ich bin eine/r von den Guten. ☐

Jemand, der sich bemüht, ein guter Mensch zu sein, vermehrt die Menge an Gutem in der Welt, so wie ein schlechter die Menge an Schlechtem vermehrt. Ein Guter ist also überaus wertvoll für sein Umfeld und die Erde. Wenn Du dem generell zustimmen kannst, nimm gerne diese Wahrheit auch über Dich persönlich an.

Ich bin eine/r von den Wertvollen. ☐

> *Auch gute Menschen haben mal schlechte Gedanken.*
> *Dennoch sind sie gute Menschen und damit für die Welt viel wertvoller als schlechte.*

... und die Klugen.

Es gibt ein wissenschaftlich gut untersuchtes Phänomen zum Thema Selbstwert und Intelligenz: Kluge Menschen haben häufiger Zweifel und Selbstzweifel, denn der Kluge blickt weit um sich und sieht, wie viel Wissen es gibt und wie viel er noch lernen und verbessern kann. Darum denkt er auch viel mehr über mögliche Fehler und Unzulänglichkeiten nach. *Woher soll ich denn wissen, dass meine jetzige Meinung vollkommen wahr ist?* Ständig können neue Erkenntnisse hinzukommen.

Einem weniger klugen Mensch fällt es oft leichter, zu sagen: *Ich kenne mich aus, ich weiß total Bescheid, ich bin der Beste.* Er kommt gar nicht auf die Idee, wie viel ihm noch fehlen könnte. Darum strahlt ein weniger Kluger manchmal mehr Selbstbewusstsein aus als ein Kluger.

Falls Du Zweifel an Deinem Wert hast, ist das also nicht dumm, sondern ein Ausdruck von Klugheit. Dennoch können diese Zweifel Dich natürlich plagen. Darum darfst Du nun Deine Klugheit nutzen, um immer weiter nach noch mehr Wahrheit zu forschen.

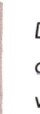

Das Wesen kluger Menschen ist so beschaffen, dass es sie glücklicher macht, eine Wahrheit zu verstehen, als in einem Irrtum zu verbleiben.

STECKE ICH IM SECHSTEN IRRTUM ÜBER SELBSTLIEBE?

☐ Denke ich häufig, andere könnten meine Dinge besser machen als ich?

☐ Denke ich manchmal, dass ich »zu blöd« für etwas bin, auch wenn ich weiß, dass ich das nicht denken sollte?

☐ Kann ich leicht drei Eigenschaften aufzählen, die mir fehlen, um mehr Erfolg zu haben?

☐ Suche ich immer wieder innerlich oder äußerlich die Nähe zu Menschen, die ich irgendwie als »besser« ansehe als mich selbst?

☐ Hat mir schonmal jemand angedroht, ich würde niemals wieder einen besseren Freund oder Partner finden als ihn/sie?

☐ Versuche ich mich manchmal schon im Vornherein zu rechtfertigen, obwohl ich noch gar nicht angegriffen wurde?

☐ Fällt mir häufig meine Fehlerhaftigkeit auf und fallen mir eher selten meine Fähigkeiten auf?

☐ Kenne ich das Gefühl, es wäre besser, gar nicht erst anzufangen, damit ich mich nicht blamieren kann?

»Ich schaffe das nicht?« Wie entsteht denn so ein Irrtum?

Viel von Deinem Selbstwert hat mit Erlebnissen zu tun, die Dir beweisen, ob Du etwas schaffst oder nicht. Die Ursache ist ein uraltes Naturgesetz in unseren Zellen, das uns für erreichte Ziele mit guten Gefühlen belohnt. Du fühlst Dich automatisch wohl in Deiner Haut, sobald Du etwas selbst geschafft hast.

Leider wächst nicht jeder so auf, dass er schon früh lernen darf, ein Gewinner aus eigener Kraft zu sein. Oft bestimmen Eltern darüber, was ihr Kind als gut und schlecht empfinden soll. *Folgsam sein und es machen wie die Eltern* gilt dann als gut. *Eigene Ideen umsetzen und vielleicht scheitern* gilt als schlecht.

Falls Du von früh an darauf gedrillt wurdest, dass Scheitern schlecht ist, entwickelst Du gegenüber allen Ideen, die eine *theoretische Möglichkeit zum Scheitern* beinhalten, schon im Voraus schlechte Gefühle.

Solche frühen Prägungen kannst Du später, als Erwachsener, nur sehr schwer wieder »wegdenken«. Stattdessen sind im Thema »neue Ideen« fast schon grundsätzlich Gedanken und Gefühle von Scheitern eingebaut.

Die Befürchtung, Du könntest etwas nicht schaffen, hast Du Dir also weder ausgedacht noch ist sie Deine Schuld. Und schon gar nicht ist sie die Wahrheit.

Wie war es früher bei Dir? Durftest Du Dich ausprobieren und folgenlos scheitern?

☐ Ja   ☐ Nein   ☐ Manchmal

Die Folgen bei Scheitern waren in meinem Leben:

_____

_____

Welche Gefühle bekommst Du, wenn Du Dir vorstellst, Du solltest eine Dich betreffende größere Veränderung selbstständig beginnen und zu einem Ziel führen?

- ☐ Freude
- ☐ Tatkraft
- ☐ gute Ideen
- ☐ Angst
- ☐ Bedenken
- ☐ Hoffnungslosigkeit

Etwas von oben und noch Folgendes:

_____

_____

Und wann wurdest Du mit Ablehnung bestraft?

_____

_____

Erschaffe selbstbestimmte Ziele.

Was immer Du Dir vornimmst,
kannst Du in Einzelteile zerlegen.
So klein, dass Du sicher sein kannst, diese zu schaffen.
Gib noch ausreichend Tage dazu
und Du hast es am Ende mit kaum merklichem
Aufwand geschafft.

Ob Du etwa *schaffst* oder *nicht schaffst* hängt, immer von *Deiner persönlichen Definition* ab. Du bestimmst die Größe des Schrittes und Du entscheidest, ob und wann etwas geschafft ist.

Im praktischen Leben bekommst Du oft fremde Vorgaben und später auch Bewertungen, ob und wie Du etwas geschafft hast. Das kann Dich glücklich oder unglücklich machen.

Davon unabhängig wirst Du, wenn Du zwischen *fremden* und *eigenen Zielen* unterscheidest. Das ist wirklich erheblich, denn Dein Glücksempfinden hängt immer von Zielen ab, denen Du eine Bedeutung gibst. Gibst Du fremden Zielen eine große Bedeutung, so haben fremde Urteile über Dich ebenfalls eine große Bedeutung. Zudem ist es oft eine Garantie fürs Unglücklichsein, wenn man Ziele unterstützt, die einem im Herzen eigentlich egal sind und Ziele vernachlässigt, die einem am Herzen liegen.

Es ganz selbstverständlich schaffen

DAS RAD MEINER WERTVOLLEN FÄHIGKEITEN

Um etwas zu schaffen, brauchst Du Fähigkeiten. Viele davon hast Du bereits. Mache sie jetzt sichtbar. Fülle im Rad der wertvollen Fähigkeiten intuitiv aus, wieviel Du wovon hast.

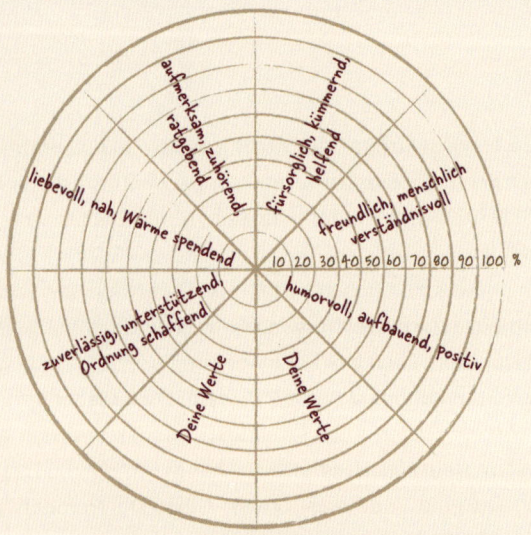

Zudem verfüge ich noch über folgende Gabe(n):

_____

Schreibe Deiner Unterstützung einen Liebesbrief.

Stell Dir vor, Du möchtest einer Person, die Dir viel geholfen hat, Deinen ganz herzlichen Dank schicken. Du setzt Dich also hin und schreibst, was Du so gut, wertvoll und schön an ihr findest. Schreibe es in Deinen Worten, für welche Fähigkeiten Du dankbar bist.

_____

_____

_____

_____

_____

_____

_____

_____

_____

Vorher/Nachher-Vergleich

Denke nochmal an das, was Du gerne schaffen würdest. Überprüfe nun in aller Ruhe und mit offenem Herzen den Gedanken vom Anfang:

»Ich schaffe das nicht.«

Stimmt er noch immer? Kannst Du sicher sein, dass Du es nicht schaffst, oder denkst Du nur diese Gedanken und weißt gar nicht, ob sie stimmen?

Was ist Dein neuer, besserer Gedanke über Dich und Dein Leben?

Richtest Du Dein Selbstgefühl
nach anderen aus, ist Dein Selbstwert
von anderen abhängig.

Richtest Du Dein Selbstgefühl auf das aus,
was »richtig und gut« im Leben ist,
bist Du immer geführt und geschützt.

Gut zu merken:

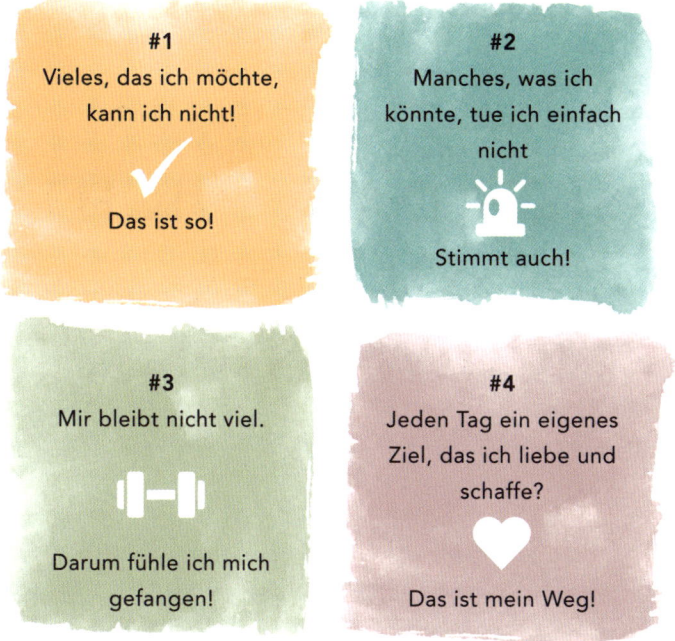

#1
Vieles, das ich möchte,
kann ich nicht!

✔

Das ist so!

#2
Manches, was ich
könnte, tue ich einfach
nicht

Stimmt auch!

#3
Mir bleibt nicht viel.

Darum fühle ich mich
gefangen!

#4
Jeden Tag ein eigenes
Ziel, das ich liebe und
schaffe?

Das ist mein Weg!

Kein Ziel macht Spaß, wenn es fremd und unerreichbar wirkt. Drehe dieses Naturgesetz um: Ein Ziel macht Spaß, wenn es selbst gewählt und leicht erreichbar ist.

Wähle frei nach Laune Ziele aus, die Du problemlos schaffst. Tue einfach, was Du gewählt hast, freue Dich und sage Dir: *Ich selbst bestimme, was ich schaffe oder nicht. Und das hier habe ich gerade geschafft.*

»ICH DARF NICHT ZU SEHR ICH WERDEN.«

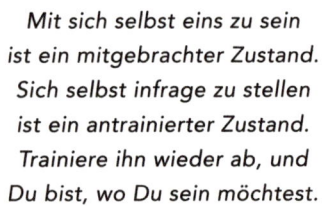

*Mit sich selbst eins zu sein
ist ein mitgebrachter Zustand.
Sich selbst infrage zu stellen
ist ein antrainierter Zustand.
Trainiere ihn wieder ab, und
Du bist, wo Du sein möchtest.*

Es war ein klarer Morgen und die Kühle der vergangenen Nacht war noch nicht gänzlich von den Strahlen der Sonne einverleibt worden. Jona stand vor dem kleinen Café, an dem vor einer gefühlten Ewigkeit ihre innere Reise angefangen hatte. Sie setzte ihren Rucksack ab und lehnte ihn an einen Pfosten der Veranda. Die Tür stand auf, aber es waren keine Gäste zu sehen. Von drinnen kam leise Musik.

Noah trat aus dem Dunkel. Er blieb im Türrahmen stehen. Heute sah er jung aus.

»Ich muss gleich fahren«, sagte Jona.

»Ich weiß«, sagte Noah. »Der neun Uhr dreißig nach Süden.«

»Ja. Ich danke Ihnen, Noah. Sie haben mir viel gegeben. Ich weiß nicht, wie ich das gutmachen kann.«

»Sie brauchen nichts gutzumachen. Wie ich zu Beginn sagte: Ich muss das tun.«

»Das verstehe ich noch immer nicht«, sagte Jona. »Warum«

Noah blickte kurz nach oben, als stünde am Himmel eine Antwort, dann wieder zu ihr.

»Kennen Sie jemanden, der eine Kunst gut beherrscht?«, fragte er statt einer Antwort.

Jona überlegte kurz.

»Ja, ein Freund malt wunderschön«, sagte sie. »Er hat sogar ein Portrait in Öl von mir gemacht.«

»Was, wenn man ihm verbieten würde, zu malen?«

»Ich denke, es wäre schrecklich für ihn«, sagte Jona.

»Genau das meine ich«, sagte Noah. »Er *muss* malen,

sonst wird alles sinnlos. Unsere Gefühle von Glück und Liebe haben mit dem Grund zu tun, warum wir hier sind. Leben wir den Grund, fühlen wir uns von etwas Großem geliebt.«

Er strich mit drei Fingern über den Türrahmen, als wollte er fühlen, ob noch Leben im Holz ist. »Ich kann nichts anderes tun als das hier. Es ist heiß, einfach, staubig und nicht sehr komfortabel. Dennoch bin ich am richtigen Ort und tue das Richtige. Menschen wie Sie kommen. Das macht mich glücklicher als alles andere. Das meine ich mit: Ich muss das tun.«

Jona nickte.

»Finden Sie heraus, was Sie in Ihrem Leben aus ganzem Herzen tun möchten«, sagte er. »Ganz gleich, was es ist. Das ist der Grund, warum Sie hier sind. Und dann tun Sie es, und hören Sie nie wieder damit auf.«

Jonas Blick versank hinter einem Schleier aus Tränen. »Sie sind eine große Seele, Noah Lian.«

»Mögen auch Sie Ihren Ort finden, Jona Sam«, sagte Noah. »Und nun los, der Bus wartet nicht.«

Ich muss keine neue Rolle lernen.
Ich darf nur nie mehr vergessen,
wofür mein Herz brennt.

Dein neues Ich

In diesem Kapitel legst Du drei grundlegende neue Dinge fest:

1. Wer bist Du ab jetzt?
2. Warum wirst Du das den Rest Deines Lebens lieben?
3. Was wirst Du tun, um es nie wieder herzugeben?

Mit Deinen bisherigen Erkenntnissen bist Du gut vorbereitet, um Dich für Dein neues Ich zu entscheiden. Du überlegst es Dir, Du notierst es Dir, Du sprichst es aus und tust es künftig. Solltest Du es zwischendrin vergessen oder in alte Gedanken, alte Gefühle oder ein altes Verhalten rutschen, so ist das kein Problem. Sage Dir dann einfach: *Alles klar, das war blöd. Und jetzt weiter.* Mache künftig keine große Sache mehr aus einem scheinbaren Fehler, Irrtum oder Rückfall. Verschwende keine Gedanken an Selbstvorwürfe. Etwas geschieht, Du erkennst es, registrierst es und gehst weiter. Mit Deinem neuen Ich.

1. Wer bist Du ab jetzt?

Du bist, was Du denkst. Was immer Du geschafft oder erkannt hast, wird für immer in Deinem Leben bleiben, wenn
Du selbst *zu dieser Erkenntnis wirst.* Und Du wirst zu etwas,
wenn Du beschließt, es ab jetzt zu sein. Beschließe es jetzt.
Wie ist Dein neues Ich? Wer bist Du ab jetzt?

Mein neues Ich ist so jemand:

_____

_____

2. Warum wirst Du das für den Rest Deines Lebens lieben?

Du bist, was Du liebst. Und mit allem, was Du liebst, wirst Du
Erfolg haben. Sobald Du sagen kannst, warum Dir etwas für
den Rest Deines Lebens am Herzen liegt, wird es bei Dir bleiben. Was/welche Erkenntnis ist Dir wichtig genug, um sie für
immer zu lieben?

Ein großer Schatz für mein Herz ist Folgendes:

_____

_____

3. Was wirst Du tun, um es nie wieder herzugeben?

Du bist, was Du tust. Dein früheres Ich hat manche Dinge getan oder erduldet, die Dir nicht guttaten. Was wird Dein neues Ich stattdessen künftig tun?

Das werde ich künftig beachten und praktizieren:

»Lieber nicht zu groß werden.« – Wie entsteht denn so ein Irrtum?

Sich selbst mehr schätzen. Innerlich wachsen. Sich wertvoll fühlen. Ziele haben. All das sind definitiv *gute* Eigenschaften für das Leben eines Menschen. Warum lehnt man das immer wieder ab? Der Grund ist nicht »zu wenig Selbstliebe«, sondern Angst vor negativen Folgen. Was ist Deine?

☐ *Ich habe Menschen erlebt, die sich als groß ausgaben, aber Lügner, Betrüger oder einfach schlechte Menschen waren.*

☐ *Ich wurde als Kind für eigene Ideen oft zurechtgewiesen oder gar bestraft.*

☐ *In meiner Familie gab es nur eine Person, die als wichtig galt, und das war:*

☐ *Etwas anderes, und zwar:*

Die Auswirkungen des siebten Irrtums

Verstand (Gedanken-Gefühls-Kaskade)

Wenn Du denkst, Dir würden Nachteile entstehen, wenn Du innerlich wächst und positives Selbstbewusstsein entwickelst, kann alleine schon diese Vorstellung schlechte Gefühle auslösen, in deren Folge Du die Idee gleich wieder loslässt.

Selbstbewusstsein (Ich-Gefühl)

Wenn »zu groß sein« schlecht ist, dann muss »klein bleiben« *besser sein.* So einfach kann Dein Unterbewusstsein ticken. Und plötzlich freundet sich Dein Ich mit der Idee an, dass klein zu bleiben eigentlich auch ganz gut ist. Für ein glückliches Ich-Gefühl ist das natürlich nicht sehr förderlich.

Herzmagnet (Ausstrahlung)

Dein Magnet zieht an, was zu Deinen geheimen Überzeugungen passt. Er sorgt dafür, dass Du nicht in den Rollen landest, die Du gerne hättest, sondern in jenen, die Du kennst und letztlich sogar ein wenig gut findest. Mit der Ausstrahlung *Ich darf nicht groß sein* würdest Du Menschen anziehen, die Dir viel toller oder wertvoller erscheinen als Du selbst und die sich letztlich dann auch so verhalten.

Ich selbst sein dürfen

ALLES GUTE BRAUCHT DEINE ZUSTIMMUNG UND KRAFT

Bei dem Thema Selbstliebe beschäftigst Du Dich viel »mit Dir selbst«. Dabei kann sich einiges im Kreis drehen und Deinen Lebensmut und Deine Kraft verbrauchen. Wenn Du Dich hingegen auf »Das Gute im Leben« und Deinen Beitrag dazu ausrichtest, entkommst Du dieser inneren Falle. Aktiv das Gute zu unterstützen macht glücklich, fühlt sich nach Liebe an und lenkt Dich davon ab, Dich selbst als schlecht zu betrachten. Irgendwann erkennt dann ein Teil von Dir, dass es viel mehr Glück und Liebe bringt, etwas Gutes in der äußeren Welt zu machen, als sich ständig mit Ungutem in der inneren Welt zu beschäftigen.

Für mich gehört zu dem Guten in der Welt Folgendes:

―――――――――――――――――――――――――――

So könnte ich kleine oder größere Beiträge zur Vermehrung von Gutem in der Welt leisten:

―――――――――――――――――――――――――――

―――――――――――――――――――――――――――

Noch ein Lösungsweg
zum siebten Irrtum

Eine Angst oder Ungewissheit bezüglich der Folgen Deines Wachstums lastet wie ein schweres Gewicht auf der Entwicklung Deines Selbstwertes.

Was wird passieren, wenn ich tatsächlich so bin, wie ich eigentlich bin? Was werde ich erleben? Was werde ich verlieren? Womit werde ich bestraft werden?

Du kannst Deinem ängstlichen Ich diese Fragen nicht völlig sicher beantworten, denn die Ergebnisse Deiner Veränderungen befinden sich ja in der Zukunft.

Aber Du kannst Deinem Ich einen völlig sicheren Halt geben, der Dich mit allen Veränderungen in Deiner Zukunft stabil umgehen lässt.

Erinnerst Du Dich an die Kraft Deiner »Identität«? Das, wovon Du denkst, dass Du es wärest, legt fest, wie Du die Welt erleben wirst.

Seit Beginn unserer Reise hast Du vielleicht einiges erkannt, das Du »nicht bist«. Das ist nun geklärt und muss nicht ständig neu durchdacht werden. Du kannst es gedanklich loslassen oder ignorieren.

Du hast vielleicht auch einiges erkannt, von dem Du jetzt sicher weißt, dass Du es »im Herzen bist«. Das darfst Du nun innerlich begrüßen und immer wieder denken. So bildest Du ein neues, stabiles Ich voller Selbstwert, Klarheit und Kraft.

Wenn Du magst, hilft Dir dabei Folgendes:

Im Mittelalter hatten Ritter oder Familien oft ein Wappen, das manchmal mit einem »Wappenspruch« verbunden war. Dieser kurze Satz stand für das Herz der Person oder Familie. Es war die Identität, an der sich alles ausrichtete, besonders in turbulenten Zeiten. Denke an die drei Musketiere aus dem Roman von Alexandre Dumas:

Einer für alle. Alle für einen.

Wie könnte Deiner lauten? Es in Ruhe zu überlegen und auf den Punkt zu bringen lohnt sich. Schreibe Deinen Namen in die Mitte und das wofür Du stehst in die Banner darüber und darunter.

Mein Wappenspruch für mein neues Ich lautet:

Vorher/Nachher-Vergleich

Überprüfe in aller Ruhe und mit offenem Herzen nochmals den Gedanken vom Anfang: *Ich darf nicht zu sehr ich werden.*

Stimmt er noch immer?

Was ist Dein neuer, besserer Gedanke über Dich und Dein Leben?

_____

_____

*Aus Deiner Sicht gesehen
bist Du ohnehin immer das,
was Du von Dir selbst glaubst zu sein.
Dein Selbstbild ist also nicht
Dein Schicksal, sondern Deine Wahl.
Warum also nicht etwas Gutes wählen?*

Gut zu merken:

#1
Wer groß ist, nimmt auch Raum ein.

✓

So ist es!

#2
Menschen, die Raum einnehmen, können andere stören.

Das kenne ich!

#3
Ich will niemandem Raum wegnehmen.

Darum bleibe ich lieber klein!

#4
Und wenn ich einfach nur ich bin?

♥

Das klingt gut!

Im Leben präsent zu sein bedeutet nicht, anderen etwas wegzunehmen. Es bedeutet, ein Leuchtturm zu sein. Die Lichtquelle dieses Leuchtturms ist Dein Herz, dem Du erlaubst zu sein, was es ist. Wer mag, kommt näher und findet es gut, wer nicht, der nicht. Dein Licht bedrängt niemanden, es ist nur da.

Sei Dein eigener Leuchtturm, dann ist es immer richtig.

Nur eine letzte Frage noch«, sagte Jona. »Haben Sie den Opal in den Straßenrand gelegt, damit ich ihn finde?«

Er verzog keine Miene, aber es schien ihr dennoch, als würde er ein klein wenig lächeln.

»Sind Sie wirklich nur der Besitzer dieses Cafés?«, bohrte sie weiter.

»Wir sind, was wir wählen zu sein«, sagte er. »Und das ist nicht auf eines beschränkt.«

»Was sind Sie noch? Bitte!«

»Ich schreibe auf, was ich höre und verstehe«, sagte er. »So wie Sie.«

»Also schreiben Sie Tagebuch?«

Er wiegte den Kopf.

»Meine wahre Reise begann an jenem Tag, als ich zum ersten Mal den Klang der sich ankündigenden Sonne hinter dem Horizont der Wüste hören konnte. Es waren die Geräusche vom Erwachen des Lebens nach einer kühlen Nacht, die in jeder Zelle von mir das Gefühl erweckten, selbst diese Wüste zu sein.«

Jona starrte ihn an.

»Sie sind der Autor von *Desert Café*? Aber das ist verrückt. Jeder kennt Sie.«

»Hier nicht. Behalten Sie es für sich.«

»Sie könnten überall wohnen. Warum in aller Welt bleiben Sie hier?«

»Ihretwegen«, sagte er. »Sie kommen immer wieder. Jeden Tag.«

Er deutete zu dem Bus, der in seiner Haltebucht an der Kreuzung gegenüber parkte.

»Sehen Sie.«

Eine Frau mittleren Alters, mit dem gleichen, auffällig roten Rucksackmodell wie Jonas, war gerade ausgestiegen. Sie blickte sich suchend um. Als sie das Café entdeckte, setzte sie sich in Bewegung. Nach ein paar Schritten hielt sie inne, bückte sich und hob einen kleinen Stein aus dem Staub auf.

10
SELFLOVE
SECRETS

SelfLove Secret #1

NICHTS ABLEHNEN BEDEUTET LIEBEN.

*Liebe ist ein innerer Zustand
ohne jede Ablehnung.
Darum ist jede verschwundene Ablehnung –
auch gegenüber sich selbst –
eine Befreiung für die Liebe.*

Das Leben reagiert wie ein Echo auf Ablehnungen. Sobald Du gegen etwas drückst, drückt es gegen Dich. Sobald Du es umarmst, umarmt es Dich. Sobald Du neutral wirst, wird es auch neutral.

Aus ganzem Herzen neutral zu werden ist wie eine Erlaubnis für den anderen (oder für Dich selbst), da sein zu dürfen. Oft ist das bereits Liebe.

SelfLove Secret #2

GEFÜHLE STECKEN AN.

*Über Dein Herz
strahlen Deine Gefühle nach außen.
Wer in diese Ausstrahlung eintaucht,
erlebt in sich, was Du fühlst.*

Nicht jeder kann auseinanderhalten, ob es seine eigenen oder Deine Gefühle sind. Viele sagen dann nur: »In der Nähe von … fühle ich mich irgendwie gut/nicht gut.«

Wenn Du zum Beispiel glücklich oder lustig bist, wird sich jemand in Deiner Nähe entweder auch glücklich oder lustig fühlen oder er wird sich genau davon provoziert fühlen.

Bist Du hingegen unglücklich, so wird der andere ebenfalls Unglück in sich fühlen. Er wird Dich dann entweder aufheitern wollen, oder er will Dein Unglück abwehren und nimmt Abstand. Deine Gefühle erzeugen im anderen nämlich ähnliche Gefühle.

SelfLove Secret #3

GEDANKEN ÜBERTRAGEN SICH.

*Auch Deine Gedanken
strahlen nach außen.
Menschen in Deiner Nähe nehmen
bewusst oder unbewusst wahr,
was Du denkst. Auch über Dich.*

Darum sprechen andere manchmal genau das aus, was Du gerade denkst. Andere antworten auf etwas, das Du noch gar nicht gefragt hast. Manchmal tun sie sogar etwas, was Du befürchtest. Obwohl es gar nicht deren eigene Gedanken sind, kommen sie unbewusst auf die Idee, etwas zu sagen oder zu tun, was eigentlich *Dein* Wunsch oder *Deine* Angst ist.

SelfLove Secret #4

WAS DU LIEBST,
VERMEHRT SICH UND GELINGT.

*Was immer Du ganz und gar
in Dein Herz schließt,
wird wachsen, gelingen und erfolgreich werden.
Das gilt auch für Dich selbst.*

Menschen suchen nicht einfach nur einen Menschen, ein Produkt oder eine Leistung. Sie suchen das Gefühl, welches der Kontakt mit Dir in ihnen erzeugt.

Wenn Du liebst, was Du machst, werden Menschen kommen, die etwas von Deinem Gefühl der Liebe mitbekommen möchten. Das ist Dein Magnet für Erfolg auf jedem Gebiet, das Du liebst.

SelfLove Secret #5

WAS DU ABLEHNST,
KÖNNTE AUCH DICH ABLEHNEN.

*Manche Situationen, Verhaltensweisen,
Menschen oder Dinge, die Du emotional ablehnst,
fühlen sich dadurch aufgefordert,
Dich zunehmend zu bedrängen.
Was Du hingegen nicht bewertest, wird Dich
zunehmend in Ruhe lassen.*

Etwas nicht zu mögen ist normal. Wenn Du Dich von so etwas einfach nur abwendest und stattdessen Dingen zuwendest, die Du liebst, ist alles in Ordnung. Fokussierst Du hingegen Deine Energie von Ablehnung immer wieder oder immer mehr, so wird das Abgelehnte darauf reagieren. Es setzt sich in Bewegung. Aus Deiner Sicht taucht dann mehr davon auf.

SelfLove Secret #6

ES KOMMT SO VIEL,
WIE DU ZULÄSST.

*Dein Herz hat einen Schutz nach außen,
dessen Durchlässigkeit Du selbst bestimmst.
Dieser Schutz wirkt gleichzeitig auch
in Dir selbst. Öffnest Du Dein Herz,
so erlebst Du Liebe.
Verschließt Du es, dann fehlt Dir Liebe.*

Sich intuitiv vor Verletzungen oder Eindringlingen zu schützen, indem man seine Tür verschließt, ist ein natürlicher Überlebensreflex. Gleichzeitig sperrt eine geschlossene Tür auch das Gute aus. Darum ist es gut, immer zwei Türen zu haben. Die eine sperrt das Schlechte aus, die andere öffnet sich immer wieder für das Gute.

SelfLove Secret #7

ALLES WARTET DARAUF, WAS DU DIR SELBST GIBST.

Dein Leben und Du, ihr seid eins.
Wenn Du wartest, wartet Dein Leben auch.
Lehnst Du Dich ab,
erzeugt Dein Leben auch Ablehnung.
Umarmst Du Dich, umarmt Dich auch Dein Leben.
Dein Leben und Dein Selbst
warten auf Deine Signale.

Wenn die Erde trocken ist, warten alle auf den erlösenden Regen. In der Natur gibt es viele Situationen, in denen nur die Hoffnung auf ein gutes Ereignis im Außen bleibt. Im Fall von Liebe jedoch ist es umgekehrt. Das Außen wartet darauf, dass Du die Liebe zur Dir und Deinem Leben entdeckst. Erst dann reagiert es. Du selbst bist der segensreiche Regen, auf den Dein Leben wartet.

SelfLove Secret #8

SELBSTBESCHULDIGUNG LÖST SICH DURCH DAS ERKENNEN DER BOTSCHAFT AUF.

Selbstvorwürfe sind Momente des Innehaltens. Ihr Sinn ist die Möglichkeit zu einer Korrektur. Wurde die Korrektur erkannt und durchgeführt, werden die Selbstvorwürfe überflüssig.

Es gibt zwei Arten von Selbstvorwürfen. Die eine Art sind alte Meinungen und Stimmen anderer Menschen, die in Deinen Erinnerungen nachklingen. Dann sind es Echos, die Du ignorieren lernen darfst.

Die andere Art sind Deine eigenen Gedanken, die gerade der Frage nachgehen, ob etwas *gut* oder *schlecht* war. Dann sind es Korrekturhinweise und Aufforderungen, es ab nun besser zu machen.

SelfLove Secret #9

AUF DAS VERSCHWINDEN VON ANGST ZU WARTEN ERZEUGT NOCH MEHR ANGST.

*Angst verhindert Liebe, darum warten
die Gedanken oft darauf,
dass zuerst die Angst verschwindet.
Doch je länger Du wartest,
umso machtloser fühlst Du Dich. Und umso
mehr Angst bekommen die Gedanken.*

Etwas zu tun, anstatt zu verharren, ist ein bedeutender Schlüssel gegen Ängste. Zu erleben wie Du Dir mittels Aktivitäten die Kontrolle über Dein Leben zurückholst, beruhigt Deine Ängste spürbar.

SelfLove Secret #10

SELBSTLIEBE STEIGT DURCH DANKBARKEIT, UND SIE SINKT DURCH BEKLAGEN.

*Wenn Du liebst, bist Du dankbar, dass
Du etwas oder jemanden zum Lieben hast.
Diese Dankbarkeit ist der Gastgeber
für noch mehr Liebe.
Beklagst Du Dich hingegen über einen
Mangel, vertreibst Du die Dankbarkeit
und als Folge auch die Liebe
aus Deinem Leben.*

Natürlich erzeugen unschöne Zustände keine guten Gefühle. Doch ein innerer Zustand wird nicht besser, nur weil man einen äußeren Zustand nicht mag. Ein innerer Zustand wird besser, wenn man zum Außen eine gute Haltung findet. Darum ist der Austausch von *Beklagen* gegen *Dankbarkeit* ein großer Schlüssel.

Spirify.
Die Selbstcoaching-App von Ruediger Schache

Die Reise zu Dir selbst. Jeden Tag.

www.Spirify.app

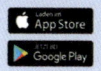

Dein Selbst-Coaching mit der Spirify® App.

① Wähle Deine Ziele.

Love: Selbstliebe, Liebe, Beziehung.
Mind: Gedanken, Klarheit, Stabilität.
Soul: Gefühle, Emotionen, Sinn.
Life: Selbstwert, Lösungen, Erfolge.

Oder einfach alles.

② Gehe Deinen Weg.

Folge täglich 2-3 Minuten dem neuen Coaching Beitrag. Höre den passenden Meditations-PodCast. Probiere die Übung des Tages.

Oder ziehe einfach eine SpiriCard.

③ Erlebe Klarheit, Liebe, Selbstliebe, Sinn. Jeden Tag. Immer mehr.

BILDNACHWEIS

Mit 1 Farbfoto von Ruediger Schache.
Mit 8 Illustrationen von shutterstock/kindlena, 1 von shutter-
stock/Bildagentur Zoonar GmbH, S. 147 und 1 von shutterstock/
formalnova, S. 143.

IMPRESSUM

Umschlaggestaltung von Claudia Geffert unter Verwendung
einer Grafik von shutterstock(kindlena).

Mit 1 Farbfoto und 10 Illustrationen

Unser gesamtes Programm finden Sie unter **kosmos.de/
nymphenburger**

Gedruckt auf chlorfrei gebleichtem Papier

© 2022 nymphenburger in der
Franckh-Kosmos Verlags-GmbH & Co. KG,
Pfizerstraße 5-7, 70184 Stuttgart
Alle Rechte vorbehalten
ISBN 978-3-96860-031-4
Projektleitung: Monika Riedlinger-Sinanmis
Gestaltung und Satz: Grafikdesign Storch/Ulrike Vohla
Druck und Bindung: Printer Trento
Printed in Italy / Imprimé en Italie